AtV

DIETMAR SCHULTKE, geboren 1967, Zerspanungsfacharbeiter, Grundwehrdienst an der innerdeutschen Grenze, nach der Wende Abitur auf dem zweiten Bildungsweg erworben, Studium der Politik- und Erziehungswissenschaft, Psychologie und Raumplanung an den Universitäten Duisburg und Dortmund, 1994 bei der UNO in New York tätig, freischaffender Publizist.

Die 1393 Kilometer lange innerdeutsche Grenze wurde zu einem perfekten Sperrgürtel zwischen Ost und West ausgebaut. Bereits 1960 verlegten Grenztruppen die ersten Minen, im August 1961 wurde der »antifaschistische Schutzwall« errichtet, um die Existenz der Republik zu sichern. Die panzerfeste Berliner Mauer, Metallgitterzäune, Splitterminen und Selbstschußanlagen schränkten die Fluchtversuche ein. Da die Barrieren »sauberer« werden mußten, ließ die DDR-Regierung bis 1985 Minen und Selbstschußanlagen durch Signalsysteme ersetzen. 1989 wurde das Bollwerk über Nacht durchlässig, und ein Jahr später begannen die Abrißarbeiten.

Dietmar Schultke stellt in seinem kleinen Kompendium Details der Grenzordnung und -sicherung in das zeitliche Umfeld. Er beschreibt Drill und Routine aus eigener Erfahrung, charakterisiert Feindbilder, berichtet von Opfern des Grenzregimes und setzt sich mit den Mauerschützenprozessen auseinander.

Das Buch verweist auf neue Grenzen: Heute schotten hochmoderne elektronische Geräte und Alarmanlagen die Wohlstandsinsel Westeuropa nach außen ab.

Dietmar Schultke
»Keiner kommt durch«

Die Geschichte
der innerdeutschen Grenze
1945–1990

Aufbau Taschenbuch Verlag

Mit 27 Abbildungen

ISBN 3-7466-8041-7

2., verbesserte Auflage 2000
Aufbau Taschenbuch Verlag Berlin
© Aufbau Taschenbuch Verlag GmbH, Berlin 1999
Umschlaggestaltung Torsten Lemme
unter Verwendung eines Fotos von Jürgen Ritter
Druck Elsnerdruck GmbH, Berlin
Printed in Germany

Inhalt

Einleitung 7
  Historischer Hintergrund der Grenzentstehung 10
  Die ersten Schritte zur Spaltung Deutschlands 16

Der Ausbau des Grenzregimes nach Gründung der DDR
(1950–1960) 25
  Der Kalte Krieg wird fortgesetzt 25
  Der Volksaufstand vom 17. Juni 1953 27
  Von einer Krise zur anderen 28
  Von der Bewachung der Demarkationslinie zur Sicherung
  der Staatsgrenze 31
  Wirtschaftliche Auswirkungen der Teilung 38
  Die »Festigung der Grenzen« 40
  Aufgaben der Deutschen Volkspolizei innerhalb des
    Grenzregimes 45

Die Abriegelung des »Arbeiter- und-Bauern-Staates«
(1961–1970) 48
  Zur Entwicklung der DDR im Schatten der Mauer . . . 48
  Der 13. August 1961 52
  Der Ausbau des »antifaschistischen Schutzwalls« . . . 62

Das Grenzregime in der Ära Honecker (1971–1989) . . . 73
  Die Politik der kleinen Schritte 73
  Die Reform der Grenztruppen von 1971 77
  Die Paßkontroll-Einheiten (PKE) – Stasi in Grenzer-
    uniform 84
  »Humanisierung« der Grenze 84
  Der Abbau der DDR-Grenzsicherung 1989/90 90
  Was kostete die Grenzsicherung? 92
  Eine »saubere« Grenze bis zum Jahr 2000 95

Die Rekrutierung und Ausbildung der Grenzsoldaten
(1970–1989) 97
  Das Wehrdienstgesetz 97
  Wer »durfte« Grenzsoldat werden? 100
  Die Ausbildung der Grenzsoldaten im Grundwehrdienst 102
  Das Feindbild 104

Der territoriale Überwachungsapparat 108
  Das Netzwerk zum Erfassen von Flüchtlingen 108
  Der Nationale Verteidigungsrat 109
  Die Räte der Bezirke und Kreise 110
  Deutsche Volkspolizei 111
  Transportpolizei 113
  Hausbuchbeauftragte 114
  Ministerium für Staatssicherheit 114
  Die Judikative und der Flüchtling 115

Das Spitzelsystem in den Grenzkompanien 119
  Zur Motivation der Grenztruppen 119
  Wer war wer? 121
  Soldaten als Opfer des Grenzregimes der DDR . . . 124

Der Schießbefehl und die »Mauerschützenprozesse« . . . 128

Aufgaben der Grenztruppen im dritten Weltkrieg
(Szenario) 135

Ausblick: Grenzen im 21. Jahrhundert 141

Danksagung 144
Beschreiben, was ist, was war. Gespräch zwischen
  Günter Wallraff und Jürgen Fuchs 145
Günter Wallraff: Nachbemerkung 164

Zeittafel zur Geschichte der deutsch-deutschen Grenze . 166
Dokumente und Tabellen 173
Abkürzungsverzeichnis 195
Literaturverzeichnis 198
Anmerkungen 202
Quellen- und Bildnachweis 208

Einleitung

> Nirgendwo sonst in der Welt gibt es eine Grenze, die so verschiedene Welten voneinander trennt, nirgendwo sonst spielt es eine so entscheidende Rolle, ob man 100 Meter weiter rechts oder links einer Trennungslinie geboren wird.
> *Marion Gräfin Dönhoff*

Die innerdeutsche Grenze, auch Zonengrenze, »Pieck-Allee« oder »Antifaschistischer Schutzwall« genannt, hat 45 Jahre Siedlungen und Landschaften geteilt, Verkehrswege zerschnitten und das Dasein von Millionen Menschen tief geprägt. Die seit November 1946 von Einheiten der Grenzpolizei bewachte 1393 km lange Demarkationslinie wurde zu einer perfekten Sperranlage ausgebaut: Ab 1952 riegelte eine 5-km-Zone das Hinterland ab; etwa 11 000 Einwohner sind damals zwangsumgesiedelt worden. 1960 verlegte man die ersten Minen an der »grünen Grenze«. Um nicht Leib und Leben zu riskieren, gingen viele über die offene Sektorengrenze in Berlin. Auch nachdem dieses Schlupfloch im Sommer 1961 dichtgemacht wurde, flohen DDR-Bürger aus dem »mitteldeutschen Arbeiterparadies«. Die »Neue Zürcher Zeitung« berichtete Ende 1961: »Der Stacheldraht, der am 13. August durch Berlin gezogen wurde, setzt im Grunde genommen nur ... jene Grenze fort, die schon ein Jahrzehnt lang Deutschland zertrennt. ... Trotz dem Heer der Bewacher und den künstlichen Hindernissen gelingen immer wieder Fluchtversuche. Man bekommt hier draußen abenteuerliche und beklemmende Geschichten darüber zu hören, von einem greisen Ehepaar, das auf Reisigbündeln durch die Werra schwamm ..., von einem Burschen, der mit einem sowjetischen Lastwagen durch den geschlossenen Schlagbaum raste, aber zu weit, durch einen Zipfel westdeutschen Gebietes hindurchfuhr und wieder in der Zone landete, wo er verhaftet wurde.«[1] Wer baute die gewaltigen Sperranlagen, und wie teuer waren diese? Wie funktionierte die Grenzsicherung? Wer initiierte den Schießbefehl?

Diese und weitere Fragen werden im vorliegenden Buch beantwortet. Die Recherchen erfolgten im Archiv der Gauck-Behörde, in den Militärarchiven der Grenztruppen der DDR, der Volkspolizei und anderer staatlicher Organe. Dort aufgefundene und hier zum Teil erstmals veröffentlichte Materialien vermitteln neue Einsichten über die Funktionsweise des Grenzregimes des »ersten deutschen Arbeiter-und-Bauernstaates«.

Im Zentrum der Darstellung steht der Begriff der Grenze. Welche Bedeutung haben gewöhnlich Grenzen? Worin liegt ihr Sinn? Geographische Grenzen haben die Aufgabe, Räume zu umschließen, sie von anderen Räumen abzuteilen und gegebenenfalls zu schützen. Systemtheoretiker betrachten Gesellschaften als eigenständige »Lebewesen«. Eine Grenze stellt ihrer Theorie zufolge ein lebensnotwendiges Organ für den Staatskörper dar: Über die »Außenhaut« wird der Stoffwechsel mit der Umwelt geregelt. Ein offener Austausch des Stoffwechsels von innen nach außen und umgekehrt ist wichtig für die Gesundheit jedes Lebewesens. Bei der innerdeutschen Grenze war dies nicht gegeben: Die Parteiführung der DDR schottete die eigene Bevölkerung nach außen total ab. Für den Staatskörper war dies zunächst lebenserhaltend; letztlich jedoch erstickte die Gesellschaft an der Intensität der Abgrenzung. Die Menschen fühlten sich in der Lebensgestaltung eingeengt, ihnen wurden wesentliche Menschenrechte vorenthalten. Es entstand ein innerer Druck im DDR-Körper, der durch von außen einströmende Informationen noch gefördert wurde, so daß es letztlich zu einer Implosion kommen mußte.

»Der Sinn von Grenzen ist die stetige Zunahme sonst eher unwahrscheinlicher Eigenschaften«[2], urteilte der Sozialwissenschaftler Niklas Luhmann.

Die sonst eher unwahrscheinliche Eigenschaft, die den Ausbau der innerdeutschen Grenze zum »antifaschistischen Schutzwall« aus Sicht der SED-Führung notwendig machte, war die Entvölkerung der DDR. Allein vom 1. Januar 1949 bis zum 13. August 1961 flüchteten 2,68 Millionen Ostdeutsche gen Westen.[3] Die DDR drohte »auszubluten«. Die SED-Führung mußte den Eisernen Vorhang »zuziehen«, um die Existenz des Staates und ihre eigene Macht zu sichern.

Mit der gezielten Anwendung von Terror auf die fluchtwillige Bevölkerung erhielt das Grenzregime der DDR einen totalitären Charakter: Totalitarismus kennzeichnet die »Versuche von Machthabern, welcher Richtung auch immer, die Gesellschaft gleichzuschalten und im Extremfall Terror auszuüben«,[4] wie der Politologe Eckhardt Jesse anmerkte.

Die Staatsanwaltschaft II in Berlin verfügt nachweislich in 265 Fällen über Daten von Flüchtlingen, die durch Gewalt (Minen, Selbstschußapparate, Anwendung der Schußwaffe) zu Tode kamen. Hierbei handelt es sich nur um Fälle, die aktenkundig wurden. Die Zahl der Todesopfer an der innerdeutschen Grenze liegt weit höher.

In bestimmten Zeitabschnitten warteten auf den Flüchtling Hunderttausende von Minen, Zehntausende von Grenzsoldaten, Tausende von Wachtürmen, Stacheldrahtzäune, Kfz-Sperrgräben, Panzersperren, Hunde in Laufanlagen und vieles mehr. Eines blieb jedoch von 1947 bis zum Fall der Mauer konsequent bestehen: der Schießbefehl.

Der Einsatz von tödlichen Minen und Schußwaffen gegen die Flüchtlinge war aber nur die letzte und schlimmste Methode. Bereits im Vorfeld wurden gegenüber der fluchtwilligen Bevölkerung drakonische Maßnahmen angewandt. Dazu gehörten unter anderem:
– gesellschaftliche Ausgrenzungen (Berufsverbot, Benachteiligung bei der Fortbildung),
– Bespitzelung durch die Staatssicherheit,
– willkürliche Inhaftierungen,
– ideologisch-psychologische Zwangsbehandlungen (Isolationshaft, bis zu 15 Stunden Dauerverhör),
– Anwendung körperlicher Gewalt.

Nach dem Zweiten Weltkrieg bestimmte die Sowjetische Militäradministration (SMA) in der SBZ wie die westlichen Alliierten in ihren Besatzungszonen Regeln und Pflichten der Grenzpolizei. Dazu gehörte der 1947 von Marschall Sokolowskij erlassene Schießbefehl. Die DDR übernahm bis zur Öffnung der Grenzen im Herbst 1989 neben dieser Altlast auch die von der Sowjetunion festgelegte Militärdoktrin des Warschauer Vertrages. Die Hauptverantwortung für den Ausbau der menschenverachtenden Grenzanlagen trugen jedoch nicht, wie im nachhinein oft von SED-Funktionären behauptet, die Sowjets, sondern die Partei- und Staatsführung der DDR: das SED-Politbüro, ab 1960 der Nationale Verteidigungsrat (NVR) und der Staatsrat. In den folgenden Kapiteln wird dies im einzelnen belegt. »Das Politbüro war die eigentliche Kommandozentrale der Macht. Seine Machtvervollkommnung war uneingeschränkt, da sie nicht aus irgendwelchen Rechtsvorschriften, sondern aus den faktischen Verhältnissen resultierte.«[5]

Den Vorsitz im NVR hatte der Erste Sekretär bzw. Generalsekretär der SED inne. Auch alle anderen 11 Mitglieder waren SED-Funktionäre. Der NVR tagte meist zweimal jährlich und erließ die sogenannten 101er Befehle, in denen wichtige Entscheidungen über den Ausbau der Grenzanlagen oder Details zum Schießbefehl formuliert wurden.

Der Staatsrat der DDR faßte grundsätzliche Beschlüsse zu Fragen der Verteidigung und Sicherheit der DDR und organisierte die Landesverteidigung mit Hilfe des NVR. Den Vorsitz in beiden Gremien und in der Volkskammer hatten SED-Mitglieder inne. Dies führte die Gewaltenteilung ad absurdum und sicherte die Machtkonzentration in den Händen der obersten Parteiführung.

Historischer Hintergrund der Grenzentstehung

Ohne den Zweiten Weltkrieg, der von Hitlerdeutschland entfesselt wurde, hätte es keine Teilung Deutschlands gegeben. Nicht die alliierten Siegermächte waren also die Verursacher der innerdeutschen Grenze, sondern der deutsche Nationalsozialismus. Bereits während ihres erstens Treffens, das vom 28. November bis zum 1. Dezember 1943 in Teheran stattfand, hatten die »Großen Drei«, der britische Premierminister Winston Churchill, der amerikanische Präsident Franklin D. Roosevelt und Stalin, über eine Aufteilung Deutschlands diskutiert. Auf der Londoner Konferenz vom September 1944 konkretisierten die Alliierten diese Pläne. Im Schlußdokument der Konferenz heißt es: »Deutschland wird innerhalb seiner Grenzen, wie sie am 31. Dezember 1937 waren, für den Zweck der Besatzung in drei Zonen geteilt werden, von denen je eine jeder der drei Mächte zugeteilt werden wird, und in ein spezielles Berlin-Gebiet, das unter gemeinsamer Besetzung der drei Mächte sein wird.«[6]

Neben der Gestaltung Polens und seiner Grenzen sowie der übrigen befreiten europäischen Staaten wurden Details der Nachkriegsordnung in Deutschland, Sektorengrenzen, Reparationsleistungen und Zeitfristen auf der Krim-Konferenz im Februar 1945, in der Berliner Erklärung vom Juni 1945 und auf der Potsdamer Konferenz im Juli/August 1945 festgelegt. Nach der Konferenz von Jalta wurde auch Frankreich eine Besatzungszone und ein eigener Besatzungssektor zugesprochen. Die sowjetische Besatzungszone (SBZ) umfaßte Mitteldeutschland. Außerdem billigten die Westmächte unter Vorbehalt einer endgültigen Regelung durch einen Friedensvertrag, daß das nördliche Ostpreußen unter sowjetische Verwaltung und die übrigen ostdeutschen Gebiete bis zur Oder-Neiße-Linie unter sowjetische bzw. polnische Verwaltung fielen.

Das deutsche Volk sollte nach dem Willen der Alliierten die Möglichkeit erhalten, sein Leben »auf einer demokratischen und friedlichen Grundlage wiederaufzubauen«. Demgemäß wurden als wichtigste Ziele der Besatzung proklamiert: völlige Abrüstung und Entmilitarisierung, Ausschaltung der gesamten für die Kriegsproduktion geeigneten Industrie, völlige und endgültige Auflösung aller bewaffneten Verbände, Auflösung der NSDAP, Aufhebung nazistischer Gesetze, Aburteilung der Kriegsverbrecher, Umgestaltung des politischen Lebens auf demokratischer Grundlage, demokratische Erneuerung des Erziehungs- und Gerichtswesens, Wiederherstellung der lokalen Selbstverwaltung. Die Interessen der Siegermächte divergierten jedoch zu stark, um – wie ebenfalls während der Potsdamer Konferenz beschlossen – die wirtschaftliche Einheit Deutschlands zu wahren. Die innerdeutsche Grenze und die Sektorengrenzen in Berlin sollten künftig nicht nur eine Reibungsfläche zu den westlichen Besatzungszonen darstellen, sondern auch die Demarkationslinie zwischen Ost- und Westblock.

Stalin hatte 1945 in einem Interview erklärt: »Dieser Krieg ist nicht wie in der Vergangenheit; wer immer ein Gebiet besetzt, erlegt ihm auch sein eigenes gesellschaftliches System auf. Jeder führt sein eigenes System ein, soweit seine Armee vordringen kann. Es kann gar nicht anders sein.«[7] Die von der Roten Armee besetzten Länder Europas (außer Österreich) mußten erfahren, daß Stalin diese Äußerung ernst meinte. Mit dem Kriegsende folgte »die Bolschewisierung Osteuropas, d. h. die Ausbreitung totaler Herrschaft. ... Die Bolschewisierung der Satelliten lief nach einem festen Schema ab: auf Volksfronttaktik und Pseudoparlamentarismus in der ersten Phase folgte rasch die offene Errichtung einer Einparteiendiktatur..., und in der letzten Phase wurden schließlich die einheimischen kommunistischen Führer, denen Moskau ... mißtraute, brutal hereingelegt ..., und an die Macht kamen die korruptesten und jämmerlichsten Elemente in der Partei.«[8]

Aufteilung Deutschlands durch die Siegermächte

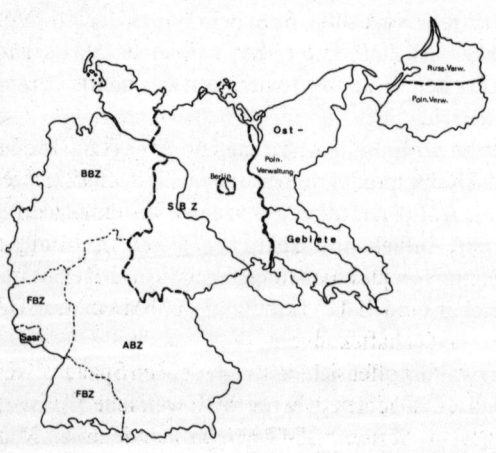

Ein Teil der deutschen Bevölkerung aus Ostpreußen, Pommern und Schlesien war schon mit den Einheiten der Wehrmacht vor der Roten Armee nach Westen geflohen. Im Potsdamer Abkommen hatten die Westmächte der »Überführung« von Deutschen, »die in Polen, der Tschechoslowakei und in Ungarn geblieben sind«, zugestimmt. Die Vertreibung hatte jedoch vorher begonnen und ging meist brutal vonstatten. Mehr als 15 Millionen Deutsche verloren durch die Verträge der Siegermächte ihre Häuser, Besitzungen, Güter und – was das schlimmste war – ihre Heimat. Aufgrund der chaotischen Zustände bei den Zwangsumsiedlungen fanden 3 Millionen Vertriebene den Tod, also jeder fünfte Zivilist.[9]

Die wirtschaftliche Ausgangssituation nach dem Ende des Zweiten Weltkrieges war in den westlichen Besatzungszonen wesentlich günstiger als in der SBZ, wo es zum einen schwerwiegendere Kriegszerstörungen gab und zum anderen die Sowjets Industrieanlagen und Eisenbahnschienen demontierten. Bis 1953 hatten sie Reparationsleistungen im Wert von 15 Milliarden Dollar entnommen, dies lag 33 Prozent über der in Jalta vereinbarten Summe. Natürlich mußten auch die Westzonen Reparationsleistungen aufbringen, doch wurden diese im November 1949 durch das Petersberger Abkommen erheblich eingeschränkt und zum Teil bereits durch das Wiederaufbauprogramm kompensiert, das US-Außenminister George Marshall im Juni 1947 vorstellte. Der Marshallplan wurde im Ostblock als ökonomische Speerspitze der Truman-Doktrin interpretiert und abgelehnt.

Im Januar 1947 trat der britische und amerikanische Vertrag über die Bildung eines gemeinsamen Wirtschaftsgebietes in Kraft. Sechs Monate vorher hatten die Ministerpräsidenten von Hessen und Thüringen, K. Geiler und R. Paul, in einem gemeinsamen Kommunique eine gesamtdeutsche 4-Zonen-Wirtschaft gefordert. Im Juni 1947 gründete die SMAD in der SBZ eine Deutsche Wirtschaftskommission.

Um der immer offensichtlicher werdenden Spaltung Deutschlands Einhalt zu gebieten, berief der bayerische Ministerpräsident Ehard im Sommer 1947 eine gesamtdeutsche Ministerpräsidentenkonferenz ein. Die Teilnehmer aus der SBZ konnten sich nicht durchsetzen mit ihrer propagandistischen Forderung, die Bildung einer zentralen deutschen Verwaltung zum ersten Tagesordnungspunkt zu machen, und reisten kurz vor der offiziellen Eröffnung des Gipfeltreffens ab.

Den letzten großen Versuch zur Schaffung einer deutschen Einheit unternahm der stellvertretende Bürgermeister von Groß-Berlin Ferdinand Friedensburg (CDU) am 9. November 1947 auf der Berliner Konferenz; dieses überparteiliche Treffen fand ein breites öffentliches Echo, konnte aber die Teilung nicht aufhalten.

Die in der SBZ Ende 1947 von der SED initiierte Volkskongreßbewegung, mit der sie ihren Willen für ein geeintes Deutschland bekunden wollte, mündete nicht in einen Allparteiendialog. Unter den 2 225 Delegierten des ersten Kongresses befanden sich 464 Teilnehmer aus den drei westlichen Besatzungszonen. Der vom 2. Volkskongreß gewählte Volksrat setzte einen Verfassungsausschuß ein, dessen Entwurf spielte jedoch im weiteren keine Rolle. Das im Mai/Juni 1948 durchgeführte Volksbegehren zur Einheit eines demokratischen und friedliebenden Deutschlands stützte letztlich propagandistisch die These, die westliche Seite sei allein für die Spaltung verantwortlich.

Auf der Londoner Sechsmächtekonferenz im Frühjahr 1948 regten Vertreter der Westmächte den Zusammenschluß der westlichen Besatzungszonen zu einem Teilstaat mit »regierungsartiger Verantwortung« an. Die Vertreter der UdSSR verließen im März den Alliierten Kontrollrat und im Juni die Berliner alliierte Stadtkommandantur. Die SMAD verschärfte am 31. März 1948 die Bestimmungen an der Demarkationslinie sowie der Grenze um Groß-Berlin. Die wesentlichsten Kernpunkte lauteten: »Alle militärischen wie auch zivilen Mitarbeiter der Militärverwaltung amerikanischer, britischer und französischer Staatsangehörigkeit sowie deren Familien, die die sowjetische Besatzungszone auf der Autobahn Berlin – Helmstedt passieren, müssen vom 1. April 1948 ab am Kontrollpunkt Marienborn ... Dokumente vorweisen, aus denen sich ihre Person und ihre Zugehörigkeit zu den Organen der Militärverwaltung in Deutschland ergeben ... Das gleiche Verfahren ... gilt ebenfalls für alle Eisenbahnreisenden ... Das gesamte Gepäck der Personen, die die Kontrollpunkte an der Demarkationslinie ... passieren, wird einer Kontrolle durch das Personal dieser Punkte unterzogen ...«[10]

Im Juni 1948 erreichte die Abschottungspolitik der Sowjetunion einen vorläufigen Höhepunkt: Stalin ließ aus Protest gegen die Währungsreform in den westlichen Besatzungszonen und in den Westsektoren Berlins sämtliche Straßen-, Schienen- und Wasserwege sperren. Die Lebensmittellieferungen nach Westberlin wurden eingestellt und die Stromversorgung unterbunden.

Das Angebot, sich im Ostsektor mit Lebensmitteln zu versorgen, nahmen nur 5 Prozent der Westberliner wahr. Der amerikanische General Clay vermutete zu Recht: »Die Bevölkerung würde lieber die größten Unannehmlichkeiten ertragen, als wieder unter einem totalitären Regime zu leben, und, daß sie um frei zu bleiben, viele Härten in Kauf nehmen würde.«[11]

Während der Blockade vom 24. Juni 1948 bis zum 12. Mai 1949 (462 Tage) sicherte die von den USA und Großbritannien eingerichtete Luftbrücke die Versorgung von mehr als zwei Millionen Westberlinern mit Lebensmitteln, Industriewaren, Kohle und anderen wichtigen Gütern. In dieser Zeit wurden 277 264 Flüge durchgeführt, d. h. durchschnittlich 600 Landungen und Starts pro Tag. In Spitzenzeiten flogen die »Rosinenbomber« auf fünf übereinanderliegenden Ebenen und in einminütigem Abstand. Die komplizierten Lande- und Abflugmanöver, anfangs ohne Radargeräte durchgeführt, kosteten 78 Menschen das Leben. Der finanzielle Aufwand betrug 252,5 Millionen Dollar. Die »Operation Vittles« ging als das bisher größte Lufttransportunternehmen der Welt in die Geschichte ein.

Am 13. Juli 1948 ordnete die SMAD an, daß Besucher der SBZ neben Interzonenpässen eine Aufenthaltsgenehmigung der örtlichen Behörden vorweisen müssen. Dadurch sollten innerdeutsche Reisen und Besuche strenger kontrolliert und weiter eingeschränkt werden.

Der Sieg der westlichen Alliierten über Stalins Blockadepolitik forcierte die Spaltung Deutschlands. Am 1. September 1948 hatte in Bonn erstmals der Parlamentarische Rat getagt, dessen 65 Mitglieder von den Länderparlamenten bestimmt wurden. Dieser Rat nahm nach langen kontroversen Debatten am 8. Mai 1949 das Grundgesetz für die Bundesrepublik Deutschland an.

Der bereits für Dezember 1948 in der SBZ geplante 3. Volkskongreß mußte verschoben werden, da Stalin bei einem Treffen mit der SED-Führung erklärte, eine ostdeutsche Regierung könne sich erst nach der Bildung einer westdeutschen konstituieren.[12] Die Wahlen zu diesem Volkskongreß wurden nach einem Modus durchgeführt, der als Modell für alle späteren Volkskammerwahlen in der DDR diente: Am 15. und 16. Mai 1949 lag den Wählern eine geschlossene Liste mit Vertretern aller Parteien und Massenorganisationen vor, über die mit »Ja« oder »Nein« abzustimmen war. Die Mandatsverteilung basierte auf dem Stimmenverhältnis, das bei den Landtagswahlen 1946 erreicht worden war. So konnte sich die SED im voraus knapp die Hälfte der Sitze sichern. Zusammen mit den Mandaten der Massenorganisationen besaß die Partei im Volksrat und damit auch in der Provisorischen Volkskammer, die sich am 7. Oktober 1949 in Ostberlin konstituierte, eine Mehrheit. Das Resultat fiel trotz Wahlfälschung für die SED enttäuschend aus: In der SBZ wurden offiziell 66,1 Prozent Ja-Stimmen erzielt, in Ostberlin nur 51,6 Prozent.

Die ersten Schritte zur Spaltung Deutschlands

Die Besatzungsmächte hatten in ihrer Erklärung zur Übernahme der obersten Regierungsgewalt vom 5. Juli 1945 die Aufstellung »ziviler« deutscher Polizeiorgane festgelegt. Diese Polizeikräfte sollten nur mit Handwaffen ausgerüstet werden. Mit Zustimmung der SMAD hatten KPD-Funktionäre in Berlin, Brandenburg, Sachsen und in Mecklenburg bereits im Mai 1945 den Aufbau von Polizeikräften eingeleitet. Die von örtlichen sowjetischen Kommandanturen eingesetzten Bürgermei-

In der Berliner Markgrafenstraße an der Grenze zwischen sowjetischem und amerikanischem Sektor dienen Trümmerberge als erste Straßensperre.

ster entließen Polizeibeamte aus der Zeit des Nationalsozialismus und stellten anerkannte Antifaschisten ein. Leitende Positionen wurden vornehmlich Kommunisten übertragen, bzw. ehemaligen Widerstandskämpfern oder Absolventen von Frontschulen des Nationalkomitees »Freies Deutschland«. Der 1. Juli 1945 galt als offizielles Gründungsdatum der DVP. An diesem Tag wurde auch jährlich der »Tag der Deutschen Volkspolizei« feierlich begangen. Am 31. Oktober 1945 genehmigte die SMAD die Ausrüstung und Bewaffnung der Polizei in der SBZ.[13]

Die Überwindung der chaotischen Nachkriegsverhältnisse setzte eine strikte Regelung und Kontrolle des grenzüberschreitenden Verkehrs durch den Alliierten Kontrollrat voraus. Für Reisen aus und nach Deutschland brauchte man seit September 1945 die Erlaubnis der Alliierten. Die Demarkationslinien zwischen den Besatzungszonen durften nur an dafür festgelegten Übergangsstellen und mit entsprechender Genehmigung überschritten werden. Gemäß Direktive 23 des Kontrollrates wurden die Grenzen zunächst allein von den Besatzungstruppen überwacht,[14] also in der SBZ von sowjetischen Militärangehörigen. Auch hierbei wurden in allen Besatzungszonen bald deutsche Polizeikräfte einbezogen.

Um diese »in die Lage zu versetzen, sich an der Aufrechterhaltung von Recht und Ordnung tatkräftig beteiligen zu können«, sollten sie, wie in der Direktive Nr. 16 des Kontrollrates vom 6. November 1945 festgelegt, mit Waffen ausgestattet werden. In der Anordnung heißt es: »Mit Ausnahme der Gendarmerie und der Grenzpolizei, die mit Karabinern ausgestattet werden können, wird die Polizei keine gänzlich automatischen Waffen ... zugeteilt bekommen als Pistolen, Revolver und Knüttel.«[15]

Am 30. Juli 1946 erteilte die SMAD den Befehl zur Bildung der Deutschen Verwaltung des Inneren (DVdI), der die zentrale Leitung der Polizei und andere organisatorische Aufgaben im administrativen Bereich übertragen wurden.[16] Die DVdI leitete auch den Aufbau der Grenzpolizeieinheiten. Zahl und Stärke der Einheiten für den direkten Grenzdienst bestimmte der Stab der sowjetischen Militärtruppen in Deutschland.

In den Ländern wurden folgende Truppenstärken erreicht:
– in Mecklenburg bis zum 30. November 375 Mann,
– in Brandenburg bis zum 26. November 205 Mann,
– in Sachsen-Anhalt bis zum 23. November 300 Mann,

– in Sachsen bis zum 27. November 771 Mann und
– in Thüringen bis zum 1. Dezember 874 Mann.

Die Angehörigen der GP rekrutierten sich aus dem Bestand der Kreis- und Stadtpolizeidirektionen und waren zunächst Bestandteil der Schutzpolizei des jeweiligen Landes. Bewerber mußten von der SED namhaft gemacht werden, nicht nur Erfahrungen im Dienst der Volkspolizei nachweisen, sondern auch politisch zuverlässig sein und sich als Antifaschisten bewährt haben.

Der 1. Dezember 1946, an dem die SMAD den offiziellen Befehl zur Bildung einer Grenzpolizei in der SBZ erteilte, gilt als Gründungsdatum der Grenztruppen.

In den Ländern der englischen und amerikanischen Besatzungszone gab es teilweise mehr als ein Jahr früher Grenzschutzeinheiten. In Niedersachsen bestand seit dem 25. September 1945 ein Zollgrenzschutz, in Bayern ab 15. November 1945 und in Hessen seit 3. Mai 1946 eine Grenzpolizei.

Standards der Verwaltung, Dienststellenbezeichnungen, Dienstgrade und Stärken der GP-Einheiten in der SBZ wurden erst mit dem Inkrafttreten einer für alle Länder verbindlichen Struktur im Oktober 1947 vereinheitlicht. Danach gliederte sich die GP in Abteilungen auf. Jede GP-Abteilung schloß 4–5 GP-Kommandanturen ein, jede GP-Kommandantur vereinte 10–15 GP-Kommandos, das GP-Kommando bestand aus 8–10 Grenzpolizisten. Bis dahin oblag die Dienstaufsicht beispielsweise in Magdeburg dem Bezirkspolizeipräsidenten und in Mecklenburg den Kreispolizeibehörden.

In den von Marschall Sokolowskij unterzeichneten Richtlinien vom 23. August 1947 wurde der Polizei an der Grenze und den Demarkationslinien zwischen den okkupierten Zonen Deutschlands befohlen, »jegliche Art von Grenzübertritt und Übertritt der Demarkationslinie zu der sowjetischen Okkupationszone und zurück, egal von wem, nicht zuzulassen«. In diesem Dokument wird erstmals ein Schießbefehl formuliert: »Bei Flucht von Grenzübertretern und Übertretern der Demarkationslinie, wenn andere Möglichkeiten der Festnahme erschöpft sind (Anruf, Warnschuß in die Luft)«, »durften« sie von der

»Waffe Gebrauch machen«.[17] Die DVdI gab eine einheitliche Dienstanweisung für die Überwachung der Demarkationslinie heraus, die auf diesem Befehl basierte. Darin wurde der illegale Grenzübertritt unter Strafe gestellt und die Beschlagnahme mitgeführter Waren und Wertgegenstände angeordnet.

In allen operativen Fragen unterstand die Polizei im Grenzgebiet und an den »Demarkationslinien zwischen den okkupierten Zonen Deutschlands« dem zuständigen Abschnittskommando des sowjetischen Militärs, das auch für Waffen, Munition, Nachrichten- und Transportmittel sorgte.[18]

Die GP-Einheiten wurden bis zum Herbst 1947 von zunächst 2 543 Mann auf 3 779 Mann[19] aufgestockt. Sie bewachten 2 236 km Landesgrenze (an der Demarkationslinie sowie an der Grenze zu Polen und der ČSR).[20] Eine Streife oder ein Einzelposten war für einen Grenzabschnitt von 6 bis 15 km Länge zuständig. Eine strenge Vorauswahl bei der Rekrutierung sollte garantieren, daß der Grenzpolizei nur dem »Neuaufbau ergebene Kräfte« angehörten. Viele hatten im Kampf gegen den »Faschismus ... große Opfer gebracht« und mußten ihre Opferbereitschaft weiter unter Beweis stellen, wie aus Aufzeichnungen von einem der ersten Grenzpolizisten hervorgeht: »Gemeinschaftsunterkünfte gab es keine. Es gab in den Kommandos lediglich ein bis zwei Dienstzimmer, in denen sich die Organisation des Dienstes und das Leben unserer Genossen abspielte. Die Genossen waren teilweise unter den primitivsten Bedingungen privat untergebracht. Im Winter waren fast alle Unterkünfte ungeheizt. Durch den Dienst bedingt, gab es praktisch in den wenigsten Fällen eine geregelte Warmverpflegung. Uniformen und Schuhwerk gab es nur ungenügend.«[21] Die ersten Grenzpolizisten trugen häufig im Dienst eigene Zivilkleidung.

Im August 1948 wurden die Abteilungen der Grenzpolizei in Grenzbereitschaften umbenannt. Die Grenzpolizeibereitschaften waren fortan von den Landespolizeibehörden unabhängig. Sie unterstanden direkt der DVdI, und zwar der Hauptabteilung Grenzpolizei und Bereitschaften. Ab dem zweiten Halbjahr 1948 wurden die Grenzpolizisten in Gemeinschaftsunterkünf-

Am Kontrollpunkt Babelsberg (zwischen Berlin und Potsdam) überprüfen SMAD-Angehörige am 6. April 1948 Fahrtengenehmigungen. 167 Wagen mit Fabrikeinrichtungen und wichtigen Gütern müssen an diesem Tage mangels ordnungsgemäßer Papiere ihre Fahrt unterbrechen.

ten untergebracht; damit verbesserten sich ihre Lebensbedingungen, zugleich waren Voraussetzungen für eine verstärkte politische Aufklärungs- und Erziehungsarbeit durch »Politorgane« – Offiziere für Polit-Kultur – gegeben.

In dieser Zeit rüsteten die sowjetischen Truppen die Grenzpolizei vollständig mit Schützenwaffen aus. Schießübungen fanden erst seit dem zweiten Halbjahr 1949 im Rahmen einer sechs Monate umfassenden Ausbildung statt.

Ab dem 1. April 1948 bildete die Landespolizeibehörde Brandenburg auf Befehl der SMA die ihr unterstehende zunächst 800 Mann umfassende Polizeiformation »Ring um Berlin«. An der etwa 300 km langen Stadtgrenze Groß-Berlins wurden 71 Straßen- und 17 Bahnhofs- und Wasserstraßenkontrollpunkte errichtet.

Im April 1948 gehörten der Grenzpolizei »rund 10 000 Mann« an. Diese Aufstockung um ca. 7 000 Personen wurde vor der

Öffentlichkeit mit der »Dynamik der Klassenauseinandersetzung« gerechtfertigt. Zu den Aufgaben der Grenzbereitschaften gehörte es, »unerlaubte Grenzübertritte in beiden Richtungen zu unterbinden, den damals florierenden Schwarzhandel über die Zonengrenzen hinweg zu bekämpfen und auch die bereits beginnende Fluchtbewegung aus der Sowjetzone einzuschränken«[22]. Allein im Jahr 1947 wurden in Thüringen mehr als 165 000 »illegale Grenzgänger« festgenommen. Der starke illegale Grenzverkehr war auch auf Verwandtschaftsbesuche zurückzuführen.

Das Wirtschaftsgefälle zwischen den westlichen Besatzungszonen und der SBZ sowie Engpässe in Wirtschaft und Handel riefen in diesen Nachkriegsjahren Schmuggler aller Couleur auf den Plan. Um Schwarzmarktgeschäfte und »illegale Verlagerung von Betriebseinrichtungen in die Westzonen« einzudämmen, gehörte der »Kampf gegen das Schieberunwesen« zu den wichtigsten Aufgaben der GP. Laut Angaben eines Militärhistorikers der DDR beschlagnahmte im Juli 1947 eine GP-Dienststelle 33 LKW mit Maschinen und Betriebsausrüstungen. Im Herbst 1947 stellten Grenzpolizisten an der thüringischen Demarkationslinie einen LKW mit 5 Tonnen Leder, Stoffen, Gardinen, Glühbirnen sicher. Im Gebiet Meiningen faßten sie einen Großschieber, der u. a. 114 Meter Wollstoff, 207 Meter Gardinenstoff und 47 Bettbezüge transportierte.[23] Zu den am häufigsten geschmuggelten Konsumgütern gehörten Alkohol, Zigaretten, Textilwaren, Seife.

Die Grenzpolizei wurde auch an der Grenze zu Polen und zur ČSR fündig: 1947 konnten unter anderem 30 000 Bürsten, 4 000 Luftdruckmesser, über 76 000 Stück Maschinennadeln, 48 000 Kanülen, 56 000 Rasierklingen und 2 000 Thermometer beschlagnahmt werden.

Vom 1. Juni 1948 bis zum 1. Juli 1949 stellte die Grenzpolizei insgesamt mehr als 24 t Lebensmittel und Gebrauchsgüter, 73 Maschinen und 1 313 Fahrzeuge sicher. Die »Tägliche Rundschau« vermeldete am 25. Juni 1948, daß während der ersten fünf Tage nach Beginn der separaten Währungsreform in den westlichen Besatzungszonen Grenzpolizisten über 90 Millionen

Ein Grenzsoldat stellt 1945 einen Schmuggler an der Oder-Neiße-Grenze.

Mark altes Geld konfiszierten, das in spekulativer Absicht illegal in die sowjetische eingeführt werden sollte, wo es noch gültig war.[24]

Vom Juni 1948 bis zum Juli 1949 wurden an der Demarkationslinie 214 Spione und Saboteure, 2 418 kriminelle Verbrecher,

668 Großschieber und 2 115 Schmuggler gefaßt.[25] Insgesamt sollen im zweiten Halbjahr 228 947 Grenzverletzer zeitweilig festgenommen worden sein. Die Mehrzahl kam Unterlagen im Militärarchiv der DDR zufolge aus den Westzonen. An der Grenze zu Polen seien etwa 900 und an der zur ČSR etwa 1 800 illegale Grenzgänger gestellt worden.[26]

Die Grenzpolizei wurde zu Beginn des Jahres 1949 auf 13 000 Mann aufgestockt.[27] Eine Instruktion der DVdI vom Mai legte die Aufgaben der GP umfassend fest. Operativ unterstand die GP weiterhin der jeweiligen sowjetischen Kommandoführung, administrativ leiteten sie die Innenminister und Ministerpräsidenten der Länder und im Zonenmaßstab der Präsident der DVdI. Die Deutsche Wirtschaftskommission versorgte die Grenzpolizei auf Antrag der DVdI mit Bekleidung, Ausrüstung, Nachrichtenmitteln und Kfz. Im Verlauf des Jahres konnten die Grenzbereitschaften und -kommandanturen zum Teil mit je einem Lkw und einem Pkw ausgestattet werden, die Kommandanturen erhielten zwei bis drei Fahrräder.

Unterkünfte, Verpflegung, Sanitäts- und kulturpolitisches Schulungsmaterial hatten die Innenminister der Länder zur Verfügung zu stellen. Diese Instruktion legte fest, daß sich jeder Bewerber verpflichten mußte, mindestens drei Jahre in der GP zu dienen. Weiter wurden Disziplinarrecht der Vorgesetzten und Prinzipien der Einzelleitung durch Kommandeure festgelegt.

Am 27. April 1949 wurde der »Ring um Berlin« in eine der DVdI direkt unterstehende Grenzbereitschaft umgewandelt. Auch die Führungsorgane der GP wurden erneut umstrukturiert: Ab dem 20. Juli 1949 unterstand die GP der bei der DVdI gebildeten Hauptabteilung Grenzpolizei; in den Ländern wurden ebenfalls Abteilungen der Grenzpolizei aufgestellt, die den Chefs der Landespolizeibehörden direkt unterstanden.

Der Ausbau des Grenzregimes nach Gründung der DDR (1950–1960)

> Am Melchower See
> Das Haus
> an der Straße die Straße
> vorm Haus sind niemals gewesen:
> Zerschnitten. Gesprengt
> Das Übrige schweigt
> zu beiden Seiten der weißen
> Linie: Holunder steht
> satt geschmeidige
> Gräser die Nesseln wuchern
> den Früchten entgegen –
>
> *Ulrich Schacht*

Der Kalte Krieg wird fortgesetzt

Durch den Krieg in Indochina und Korea und die Gespräche über die Einbeziehung der Bundesrepublik in die 1949 gegründete NATO spitzte sich die Konfrontation zwischen den Siegermächten und den beiden deutschen Staaten zu.

Die DDR-Regierung unternahm im Jahr 1951 mehrere Vorstöße, um die Westintegration der Bundesrepublik zu verhindern. Politiker wie der damalige Ministerpräsident Otto Grotewohl hatten die Hoffnung auf die deutsche Einheit noch nicht aufgegeben. Ihre Angebote wurden im Westen, vor allem von Adenauer, zurückgewiesen.

Belgien, Frankreich, Italien, Luxemburg, die Niederlande und die Bundesrepublik wollten eine Europäische Verteidigungsgemeinschaft (EVG) als Gegengewicht zur militärischen Präsenz der Sowjetunion bilden. Die Kreml-Führung wiederum empfand einen zweiten Militärpakt nach Gründung der NATO als Bedrohung. Auch wirtschaftliche Probleme, die aus der einseitigen Forcierung der Schwer- und Rüstungsindustrie resultierten, verstärkten ihren Wunsch nach einer internationalen Entspannung. Höhepunkt ihrer deutschlandpolitischen Offensive war die Stalin-Note vom März 1952. Darin bot Stalin die

Wiedervereinigung an als Tausch für einen Verzicht auf Gebiete östlich der Oder und Neiße und die Neutralität eines künftigen Deutschlands. Seine Offerte beinhaltete u. a. den Abzug der Besatzungstruppen auf deutschem Gebiet, die Wiederherstellung aller demokratischen Rechte, die freie Betätigung von Parteien und den Aufbau einer eigenen Landesverteidigung.[1]

Für Adenauer besaß die im EVG-Vertrag und im Deutschland-Vertrag garantierte Westintegration absolute Priorität. Beide Abkommen wurden im Mai 1952 unterzeichnet. Die drei westlichen Besatzungsmächte sicherten darin der Bundesrepublik volle Souveränität zu. Da der EVG-Vertrag nie ratifiziert wurde, weil die französische Nationalversammlung Bedenken wegen des Souveränitätsverzichts hatte, trat der Deutschland-Vertrag erst 1955 in Kraft. Die Gräben zwischen Ost und West hatten sich inzwischen weiter vertieft.

Der Marshallplan und Ludwig Erhards Wirtschaftspolitik bewirkten in Westdeutschland schon bald einen spürbaren Aufwärtstrend. In der DDR gestaltete sich der Neubeginn schwieriger durch hohe Reparationsleistungen, massivere Kriegszerstörungen und eine weniger entwickelte Infrastruktur in Mecklenburg, Brandenburg und Sachsen-Anhalt. Die Regierung übernahm das sowjetische Wirtschaftsmodell: Verstaatlichung der Betriebe, Kollektivierung der Landwirtschaft, forcierter Aufbau der Schwerindustrie und Energiewirtschaft zu Lasten der Produktion von Konsumgütern. Durch die voranschreitenden Enteignungen stieg die Zahl der Volkseigenen Betriebe (VEB) von 1 764 im Jahr 1949 auf 5 000 im Jahr 1950 an. 1953 arbeiteten 1,7 Millionen DDR-Bürger in den Volkseigenen Betrieben. Neu aufgebaute Großprojekte wie das Kraftwerk Hoyerswerda und die Eisenhüttenwerke Ost verbesserten die Versorgung der Industrie mit Energie und Stahl: die Stahlerzeugung betrug 1953 2,1 Millionen Tonnen. Auch in der chemischen Industrie konnten Fortschritte erreicht werden.

Die Durchsetzung einer konsequenten »proletarischen Klassenpolitik« in der Landwirtschaft, in Handel, Gewerbe und Bildungswesen, der Mangel an Waren des täglichen Bedarfs, Willkürjustiz und der Kampf gegen die Kirchen ließen in der

Bevölkerung Mißstimmung gegenüber den Sowjets und den DDR-Funktionären aufkommen. In der ersten Hälfte der 50er Jahre wurden Abertausende wegen politischer Delikte vor ein Gericht gestellt und mit hohen Strafen belegt, mehrfach verhängte man die Todesstrafe. »Ideologische Abweichler« in den eigenen Reihen bekämpfte die SED nach stalinistischem Vorbild durch Säuberungen. Bei der großen Mitglieder-Überprüfung 1950/51 schloß die Partei 150 000 Genossen aus.[2]

Der Volksaufstand vom 17. Juni 1953

Nach Stalins Tod am 5. März 1953 veränderte sich die weltpolitische Lage nicht. Aus dem Machtkampf der Kreml-Führung ging Chruschtschow als Sieger hervor. Geheimdienstchef Berija hielt den 1952 von SED-Generalsekretär Walter Ulbricht verkündeten Aufbau des Sozialismus in der DDR für verzichtbar und war an einer friedlichen, für die Sowjetunion vorteilhaften Lösung der deutschen Frage interessiert. Der bislang nach Stalin mächtigste Mann im Kreml wurde auf einem ZK-Plenum Anfang Juli verurteilt und im Dezember 1953 hingerichtet.

Die DDR war 1952 in eine schwere Wirtschaftskrise geraten, zu der u. a. die Flucht zahlreicher Facharbeiter, Bauern und Unternehmer sowie der beschleunigte Aufbau der Schwerindustrie und der Streitkräfte beigetragen hatten. Auf Anweisung Moskaus mußten Partei und Regierung ihren Kurs teilweise revidieren. Ulbrichts Position, der am stalinistischen System in der DDR festhalten wollte, war geschwächt. Nicht wenige hofften, er werde entmachtet und die deutsche Wiedervereinigung neu auf die Tagesordnung gesetzt, doch sie sollten enttäuscht werden.

Da die DDR-Regierung eine angekündigte zehnprozentige Erhöhung der Arbeitsnormen bei gleichem Gehalt nicht zurücknahm, legten die Bauarbeiter an der Berliner Großbaustelle Stalinallee am 16. Juni 1953 die Arbeit nieder. Für den 17. Juni wurde der Generalstreik ausgerufen. In Berlin demonstrierten auf dem Strausberger Platz 23 000 Menschen, und im Walter-Ulbricht-Stadion protestierten 30 000 Arbeiter. In den Leuna- und Buna-Werken (vor 1945 IG-Farben) sowie in Großbetrieben von Jena, Magdeburg, Wolfen und anderen Städten lag ebenfalls die Arbeit still. Die Demonstranten forderten Versammlungsfreiheit, Abschaffung der Zensur und weitere bürgerliche und politische Rechte. Schließlich riefen Streikende: »Nieder mit Ulbricht! Freie Wahlen! Wir wollen leben wie Menschen, weiter wollen wir nichts!« In mehreren Städten wurden Polizeibüros gestürmt und politische Gefangene befreit.

Das Politbüro flüchtete ins sowjetische Hauptquartier nach Karlshorst. Der sowjetische Militärkommandant für Ostberlin setzte T-34-Panzer ein und verhängte den Ausnahmezustand. Er verbot alle Menschenansammlungen von mehr als drei Personen und ordnete eine nächtliche Ausgangssperre an.[3]

Im Verlauf der Unruhen kamen laut offiziellen Angaben der DDR 21 Personen ums Leben, mehr als 1 400 Personen wurden in den Folgemonaten zu langjährigen Zuchthausstrafen verurteilt. Quellen der sowjetischen Staatssicherheit berichten dagegen von mindestens 267 getöteten Arbeitern. Noch während des Volksaufstandes erschoß man 92 Demonstranten.[4] Ferner wurden 18 Sowjetsoldaten standrechtlich erschossen, weil sie sich geweigert hatten zu schießen, als deutsche Arbeiter ein Gefängnis in Magdeburg stürmten.[5]

Von 1949 bis 1953 stellten mehr als eine Million DDR-Bürger in der Bundesrepublik einen Antrag auf Notaufnahme.[6] Die meisten begründeten ihre Flucht nicht mit dem Wunsch nach besseren Einkommens- und Wohnverhältnissen oder Familienzusammenführung, sondern mit politischen Motiven.

Von einer Krise zur anderen

Die Arbeiterproteste veranlaßten die SED, die begonnene Radikalkur zum Aufbau des Sozialismus abzubrechen, die Konsumgüterproduktion auszubauen, die Versorgung in den Industriezentren zu verbessern und die Löhne spürbar zu erhöhen.

Die Ziele des ersten Fünfjahrplans (1950–1955) wurden vor allem bei den Grundstoffindustrien nicht erreicht, aber der Außenhandel stieg auf das Dreifache an; 75 Prozent des Handels wurden mit den sozialistischen Ländern abgewickelt, die im Rat für gegenseitige Wirtschaftshilfe (RGW) zusammengeschlossen waren. Die DDR gehörte dem RGW seit September 1950 an. Von materiellem Wohlstand der Werktätigen konnte keine Rede sein. Im staatlichen Einzelhandel, wo man Lebensmittel ohne Abgabe von Marken kaufen konnte, kostete ein Kilogramm Margarine 7 Mark und ein Kilogramm Kalbfleisch 16 Mark; ein ostdeutscher Maurer verdiente 1,60 Mark in der Stunde und ein Schlosser 1,78 Mark. Die Mehrheit der Arbeiter verdiente monatlich weniger als 312 Mark Brutto.[7]

In der zweiten Hälfte der 50er Jahre verbesserte sich die Lebenssituation in der DDR: 1958 hob die Regierung die Rationierung von Fleisch, Fett und Zucker auf und ließ verstärkt Schulen und Polikliniken bauen. Doch der Arbeiter-und-Bauern-Staat konnte sich nicht stabilisieren. Die SED-Politiker erklärten Großbauern zu »Saboteuren« oder »Schiebern« und diskriminierten sie entsprechend. Die 1952 begonnenen Zwangskollektivierungen wurden forciert. Im Dezember 1960 bewirtschafteten Landwirtschaftliche Produktionsgenossenschaften (LPG) 84,2 Prozent der Agrar-Nutzfläche. Weitere 6 Prozent kamen auf Volkseigene Güter (VEG).

Auch der Druck auf den Mittelstand wuchs Ende der 50er Jahre, mittlere und kleinere Privatunternehmer mußten sich in Produktionsgenossenschaften des Handwerks (PGH) zusammenschließen. 1961 entfielen auf das private Handwerk nur noch 28 Prozent des produzierten Aufkommens; 1958 waren es 93 Prozent gewesen. Die Produktion von Nahrungsmitteln, Möbeln, Kühlschränken, Fernsehgeräten und anderen Konsumgütern blieb weit hinter den Kennziffern des Siebenjahrplans zurück. Die Produktivität der ostdeutschen Industrie war Ende der 50er Jahre noch 30 Prozent niedriger als die der westdeutschen.[8]

Zu Beginn des Jahres 1957 unterbreitete Ulbricht der Bundesregierung Vorschläge über eine Konföderation beider deutscher

Staaten als Vorstufe einer Wiedervereinigung. Ein gemeinsamer Rat sollte die Geschicke der beiden gleichrangigen Staaten leiten. Die Regierung Adenauer bewertete den Plan als Versuch, sie aus dem westlichen Bündnis herauszulösen, und lehnte ihn ab. Chruschtschow forderte 1958 die Umwandlung Berlins in eine »selbständige politische Einheit« mit dem Status einer entmilitarisierten »Freien Stadt«. Wenn die Verhandlungen über Berlin nicht binnen sechs Monaten zu diesem Resultat führten, werde die Sowjetunion mit der DDR vereinbaren, daß diese ihre Hoheitsrechte ausübe. Die alliierten Westmächte erneuerten ihre Garantien für Westberlin, die Adenauer-Regierung und die Opposition arbeiteten eigene »Deutschland-Pläne« aus, die aber scheiterten. Die Sowjetunion mußte schließlich einlenken.

Von 1956 bis 1959 war die Zahl der Flüchtlinge um über 45 Prozent gesunken. 1960 stieg sie im Vergleich zum Vorjahr um ein Viertel an. (Vgl. die Übersicht S. 175) Die Furcht vor einer völligen Schließung der Grenzen und entsprechende Berichte westdeutscher Medien erzeugten eine Art Torschlußpanik und förderten Spontanfluchten.

1960 beschloß die Volkskammer die Bildung des Nationalen Verteidigungsrates (NVR). Den Vorsitz in diesem Gremium hatte der Erste Sekretär bzw. Generalsekretär der SED inne. Der NVR besaß in Friedenszeiten weitgehende Vollmachten: Er hatte in Zusammenarbeit mit den anderen staatlichen Organen die Landesverteidigung zu sichern und die dazu erforderlichen Grundsatzentscheidungen zu treffen, die für alle staatlichen und wirtschaftsleitenden Organe, Betriebe, Genossenschaften, gesellschaftlichen Organisationen, Vereinigungen und Bürger verbindlich waren. Im Verteidigungsfall war der NVR das uneingeschränkte staatliche Führungsorgan, er konnte dann eine allgemeine oder teilweise Mobilmachung beschließen und Maßnahmen treffen, »die abweichend von Gesetzen oder anderen Rechtsvorschriften erforderlich sind«.[9]

1961 befahl der NVR, die »Notstandsregierung im Wartestand«, die Abriegelung der Grenzen zur Bundesrepublik und um Westberlin.

Von der Bewachung der Demarkationslinie zur Sicherung der Staatsgrenze

Nach Gründung der DDR diente die GP dem ersten deutschen Arbeiter-und-Bauern-Staat als bewaffnetes Organ zum Schutz des sozialistischen Neuaufbaus. Ihr »Klassencharakter« sollte sich gemäß der von der SED-Führung neudefinierten Militärpolitik weiter ausprägen.

Wenige Tage nach der Konstituierung der Provisorischen Volkskammer und dem Inkrafttreten der Verfassung der DDR am 7. Oktober trat die Regierung zusammen. Wie im Gesetz zur Überleitung der Verwaltung vom 12. Oktober 1949 vorgesehen, gingen die Aufgaben der DVdI auf das Ministerium des Innern (MdI) über, in dem u. a. die Hauptabteilung Deutsche Volkspolizei gebildet wurde. Im Dezember 1949 erfolgte die Eingliederung der GP in die Hauptabteilung Grenzpolizei.

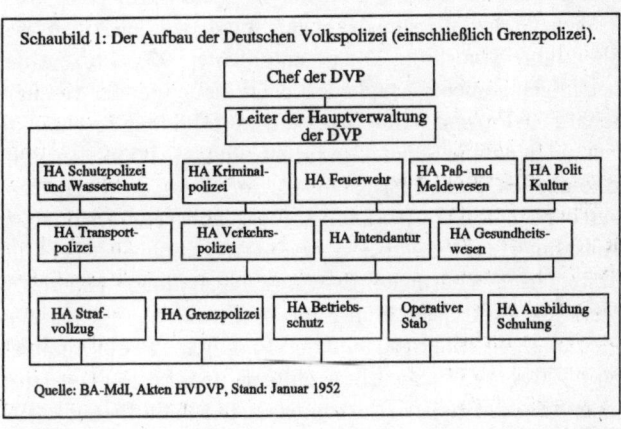

Schaubild 1: Der Aufbau der Deutschen Volkspolizei (einschließlich Grenzpolizei).
Quelle: BA-MdI, Akten HVDVP, Stand: Januar 1952

Mit Wirkung vom 7. Januar 1950 übernahmen drei Grenzbereitschaften des Landes Mecklenburg Aufgaben zur Überwachung der Ostseeküste, der Häfen und der Dreimeilenzone der DDR. Sie arbeiteten eng mit den zuständigen Organen der Sowjetischen Kontrollkommission (SKK) zusammen, die seit November 1949 die SMAD ersetzte. Die Boote und Posten der

GP stellten den Küstenschutz sicher, kontrollierten ein- und auslaufende Fischereiboote und sollten »das Eindringen von Agenten« und »das illegale Verlassen der DDR auf dem Wasserweg verhindern«.

Die Personalstärke der GP betrug 1947 4 000 Mann, 1950 waren es bereits etwa 16 800 Mann. Im Juni 1950 übernahm die GP von den sowjetischen Organen die Kontrollen an den Grenzkontrollpassierpunkten. Die Kontrolle des Personen- und Transportverkehrs der Alliierten und sonstiger ausländischer Staaten behielt sich die SKK weiterhin vor.

Der Fahrzeug- und Warenverkehr von und nach Westberlin wurde ab Oktober 1950 auf Befehl des Chefs der DVP nur noch über bestimmte Straßen-, Eisenbahn- und Wasserkontrollpunkte geleitet. Westberliner konnten wie bisher ohne Passierschein in die DDR einreisen. Standposten und Streifen schirmten jedoch die Stadtgrenze zwischen der DDR und Ostberlin ab und kontrollierten alle Bürger, die den Ring um Berlin passierten.

Viele Grenzpolizisten der ersten Stunde wurden Anfang der 50er Jahre von ihrem Dienst entpflichtet. 92,6 Prozent der neuaufgenommenen Mitglieder der GP kamen aus der Arbeiterschaft, 5,6 Prozent waren Bauern. Die Ausbildung beschränkte sich nicht auf die Schutz- und Kontrolltätigkeit üblicher Polizeieinheiten. Hans Haase, ein späterer Oberst der Grenztruppen der DDR, war ursprünglich Fleischergeselle. Da er keine Anstellung fand, bewarb er sich beim Wachkommando der Landesregierung Thüringen. Er wurde angenommen und absolvierte die Polizeischule in Eggesin (Mecklenburg). Dort erhielt er eine Artillerieausbildung: Er wurde an Feldhaubitzen und 120-mm-Granatwerfern trainiert und Ausbildungsleiter einer 82-mm-Granatwerferkompanie. Die Politoffiziere in Eggesin waren meist Antifaschisten, doch »die Kompaniechefs waren sämtlich ehemalige Wehrmachtsoffiziere«.[10] Fast alle hatten in der sowjetischen Kriegsgefangenschaft eine ideologische Umschulung erhalten.

Die GP übergab am 1. Januar 1951 alle Funktionen, die mit der Warenkontrolle zusammenhingen, dem Amt für Kontrolle des Warenverkehrs.[11] Zum gleichen Termin ordnete der Chef der DVP an, die Abteilungsstäbe Grenzpolizei bei den Landesverbänden der VP aufzulösen und die Grenzbereitschaften der Hauptabteilung GP bei der Hauptverwaltung DVP zu unterstellen. Im Februar 1951 wurde in Sondershausen die erste Schule zur Aus- und Weiterbildung von Offizieren eröffnet.[12]

Am 16. März 1951 verkündete der Bundestag das Gesetz über den Bundesgrenzschutz und die Errichtung von Grenzschutzbehörden. Neben den 10 000 Mann starken Verbänden des BGS blieb der Bundeszollgrenzdienst bestehen, die bisherige Grenzpolizei wurde aufgelöst. Die DDR-Wochenzeitung »Der Grenzpolizist« erklärte 1960, daß das Offizierskorps des BGS damals zu 62 Prozent aus ehemaligen Wehrmachtsoffizieren bestand.[13]

Neben den internationalen Spannungen lösten innerdeutsche Konflikte und Zwischenfälle an der Demarkationslinie (1951 wurden mehrere Grenzpolizisten getötet) regelrechte Propagandaschlachten aus. Laut Instruktionen der Partei- und Staatsführung bestanden die wichtigsten Aufgaben der GP darin, die Unantastbarkeit der Demarkationslinie zu gewährleisten, den Kampf gegen Spione, Diversanten, Schmuggler, kriminelle Elemente und bewaffnete Banden zu führen und die Grenzbevölkerung gegen bewaffnete Überfälle jeder Art zu verteidigen. Alle Personen, die die Grenze nicht an den vorgeschriebenen Kontrollpunkten passierten, sollten festgenommen werden. Um den illegalen Grenzverkehr einzuschränken, wurden hinter den Schlagbäumen Hindernisse errichtet. Dazu gehörten Spanische Reiter, Fallgruben, Blockhütten und Hochsitze zur verdeckten Beobachtung.

Der Ausbau des Grenzregimes wurde stets mit der »Feindtätigkeit der Imperialisten und Militaristen« begründet. In Wirklichkeit sah sich die SED-Führung jedoch vor allem aufgrund der andauernden Flüchtlingsströme zum Ausbau des Grenzregimes gezwungen (von 1949 bis 1952 675 000 Bürger).

Seit Mai 1952 nannte sich die Grenzpolizei Deutsche Grenzpolizei (DGP). Damit sie ihren Sicherungsauftrag besser erfüllen konnte, wurde sie aus dem MdI ausgegliedert und durch das 1950 gebildete Ministerium für Staatssicherheit (MfS) übernommen. Die Grenzpolizei war damit unabhängig von der Volkspolizei, dies entsprach dem sowjetischen Vorbild.

Die am 26. Mai 1952 von der DDR-Regierung beschlossenen Maßnahmen zur »Abdichtung« der DDR veränderten nicht nur den Charakter der Demarkationslinie, sondern auch das Grenzumland und das Leben von Millionen Menschen, die dort lebten.

Wie zuvor von der SKK angewiesen, wurde entlang der 1 400 km langen Grenze eine Sperrzone angelegt. Diese Zone war in einen 10 m breiten Kontrollstreifen, einen 500-m-Schutzstreifen und eine 5-km-Sperrzone gegliedert. Um jede Grenzverletzung exakt feststellen zu können, sollten im 10-m-Kontrollstreifen sämtliche Bäume, Sträucher und Häuser entfernt werden. Der Boden war zweimal jährlich umzupflügen. Der Aufenthalt im 500-m-Schutzstreifen und in der 5-km-Sperrzone war nur mit einer besonderen Genehmigung erlaubt.

Der kleine Grenzverkehr wurde sofort aufgehoben und das Paß- und Meldewesen ausgebaut: Wer in Betrieben arbeitete, die im Schutzstreifen standen, benötigte einen Passierschein und durfte nur von der Grenzbehörde festgelegte Wege benutzen. Ebenso Bauern, die Felder außerhalb der Ortschaften bewirtschafteten. Sämtliche Gaststätten, Kinos, Hotels, Pensionen und Erholungsheime mußten geschlossen werden. Nach 22 Uhr bestand Versammlungs- und Veranstaltungsverbot. Die SKK hatte sogar angeordnet, daß der »Aufenthalt auf Straßen und Arbeitsplätzen für alle Personen (einschließl. der örtlichen Bevölkerung) nur von Sonnenaufgang bis Sonnenuntergang« gestattet sei.

In dem 5 km breiten Grenzstreifen befanden sich mehr als 500 Ortschaften, in denen mehr als 345 000 Einwohner lebten, sowie ca. 50 Betriebe mit insgesamt fast 40 000 Beschäftigten. Einwohner, die als »Grenzschieber«, Spekulanten bzw. Fluchthelfer eingestuft wurden oder neu hinzugezogen waren, siedelte man zwangsweise ins Landesinnere um. Mehr als 11 000 Personen verloren dadurch ihre Heimat. Allein in Mecklenburg waren es mehr als 2 100 Menschen. Die Zwangsumsiedlungen firmierten amtlich als »Aktion Grenze« und intern als

»Aktion Ungeziefer«. Die Betroffenen mußten »binnen Stunden Haus und Hof verlassen«. In einigen Orten leistete die Bevölkerung aktiven Widerstand; beispielsweise erbauten die Bewohner von Streufdorf (Kreis Hildburghausen) Barrikaden und Straßensperren und bewaffneten sich mit Äxten und Mistgabeln, so daß die Polizisten bei der Räumung massive Gewalt anwendeten. Die VP nahm Bürger fest. Zwölf von ihnen kamen danach per Gerichtsurteil ins Gefängnis; die Höchststrafe lag bei 8 Jahren Zuchthaus.[14]

In einem Zwischenbericht über die Vertreibungen hieß es: »Auf dem Bahnhof Kuhlenfeld sind von 67 Familien bisher 23 eingetroffen. Von den zur Verfügung stehenden 50 Waggons sind elf bereits beladen.« Oder: »In Hagenow sind 37 Waggons mit 50 Familien beladen. Verladung geht planmäßig vonstatten.«[15]

Versuchten sich Betroffene mit juristischen Mitteln gegen die Zwangsumsiedlungen zu wehren, fertigten die Behörden sie mit einem Einheitsschreiben ab. In der Begründung hieß es: »Auf Grund Ihres antidemokratischen Verhaltens gegen-

Bewohner von Heinersdorf und Welitsch treffen sich nach dem Errichten eines neuen Stacheldrahtzauns, 20. Juni 1953.

über der Deutschen Demokratischen Republik fallen Sie unter den Personenkreis, der nach der Regierungsverordnung auszusiedeln ist. Ihre Aussiedlung ist somit zu Recht erfolgt. Ihr Einspruch wird daher abgelehnt.«[16] Liegenschaften und Güter wurden ohne weitere Begründungen enteignet.

Wegen der Willkür und Gewaltanwendungen bei den Aktionen flohen viele Bewohner der Grenzgebiete nach Westdeutschland oder über die noch offene Sektorengrenze in Berlin. Wer in der 5-km-Sperrzone wohnen blieb, erhielt von der VP einen besonderen Stempel in seinen Personalausweis und durfte keinen Interzonenpaß mehr beantragen. Nicht wenige Bewohner verließen in den folgenden Jahren die Grenzgebiete wegen dieser Einschränkungen aus freien Stücken.

Der Westen reagierte auf die Absperrungen und die Repressionspolitik der DDR mit diplomatischen und propagandistischen Aktivitäten, die natürlich an den Realitäten nichts änderten: Die amerikanische und die britische Hochkommission protestierten bei der sowjetischen Seite, aber ohne Erfolg.[17] Der Bundestagsausschuß für gesamtdeutsche Fragen unternahm eine Besichtigungsfahrt an die Grenze und besuchte ein Flüchtlingslager bei Lauenburg.[18]

Der »Rheinische Merkur« berichtete: »Pieck-Allee nennen die Menschen in der Zone mit bitterem Sarkasmus jenen zehn Meter breiten Spurenstreifen, der sich ... immer lückenloser, immer vollkommener entlang der Zonengrenze zieht, den befohlene Arbeitskolonnen aus den Dörfern nahe der Zonengrenze zu schaffen hatten. Die Traktoren wurden von überall herangeholt ... und pflügten diesen Zehn-Meter-Streifen. In den Wäldern arbeiteten Kolonnen mit Motorsägen. Dann wuchsen auf diesem Streifen die ersten Hindernisse, um hier, mitten in Deutschland, eine solche Grenze zu schaffen, wie sie im Westen nicht einmal an den echten Landesgrenzen zu finden ist.«[19] Hinter dem 10-m-Streifen wurden Gräben, Wälle und Stolperdrähte mit Alarmvorrichtungen aufgebaut.

Die im Sommer 1952 gesondert formierte Grenzpolizei See legte auch an der Küste eine 5 km breite Schutzzone an. Sie übernahm von den sowjetischen Einheiten Küstenschutzboote.

Das Sperren zahlreicher Verkehrswege hatte gravierende Folgen für die Grenzgebiete in Ost und West: 36 Eisenbahnlinien, drei Autobahnen, 31 Fern- bzw. Bundesstraßen, 80 Landesstraßen erster Ordnung, etwa 60 Landstraßen zweiter Ordnung sowie Tausende von öffentlichen und privaten Wegen riegelte die DGP ab.[20] Für den Verkehr zwischen der Bundesrepublik und der DDR sowie Berlin wurden nur noch sechs Einsenbahnübergänge und fünf Straßen- bzw. Autobahnübergänge zugelassen.

Somit waren das holsteinisch-mecklenburgische Moränenland, die Elbniederung im Wendland, die Helmstedter Mulde, der Harz, das mittlere Werratal und die nördliche Rhön zerschnitten und mehrere Ortschaften durch einen 1,20 bis 1,50 m hohen Stacheldrahtzaun geteilt, den Grenzpolizisten nach und nach entlang der Demarkationslinie errichteten.

Am Ring um Berlin wurden ebenfalls gravierende Maßnahmen zur Abschottung ergriffen: Von 277 Straßen, die aus West- nach Ostberlin und in die DDR führten, wurden 200 gesperrt. Direkte Fernsprechleitungen in den Westteil und die Stromverbindung unterbrach man. Im Bezirk Potsdam legten die Grenzpolizisten an einzelnen Abschnitten der Grenze zu Westberlin ebenfalls einen gepflügten Kontrollstreifen an. Westberliner mußten fortan bei der Einreise in die DDR einen Passierschein vorweisen.

Die Agitatoren in der DDR beurteilten all diese Vorkehrungen und den »Kampfeinsatz« der DGP als »friedenserhaltend«: So werde ein Durchbrechen der Grenzsicherung verhindert und der zügellosen Tätigkeit imperialistischer Spionageorganisationen ein Riegel vorgeschoben. Tatsächlich offenbarten Absperrungen, Zwangsaussiedlungen und Schießbefehl ein weiteres Mal den totalitären Charakter des Systems.

Die Grenzpolizisten mußten ihren Postendienst – bei verstärkter Bewachung im 12–14-Stunden-Einsatz – »gedeckt und getarnt als Streife, getarnter Posten, Wach- und Beobachtungsposten« durchführen. Der Streifendienst »entwickelte sich immer ausgeprägter zu einer militärischen Tätigkeit, die mit dem Patrouillengehen und der Aufklärung verwandte Züge aufwies«.[21] In der am 27. Mai 1952 vom Ministerium für Staatssicherheit angewiesenen Polizeiverordnung wurde befohlen, daß bei »Nichtbeachtung der Anordnungen der Grenzstreifen ... von der Waffe Gebrauch gemacht« wird«. (§ 4)[22] Schüsse auf das Gebiet der Bundesrepublik oder Westberlins waren strikt untersagt, »um den imperialistischen Söldnern und ihren Handlangern in Zivil keine Anhaltspunkte für ihre Grenzprovokationen zu geben«.[23] Die »sprunghaft gestiegenen Aufgaben« veranlaßten Partei und Regierung, sowjetische Kommandeure um Hilfe beim Aufbau der Grenztruppen zu »bitten«.

Seit 1952 unterstützten örtliche Freiwillige Helfer die DVP sowie die DGP in ihrer Arbeit. Wenn die Grenzpolizeihelfer zur Arbeit fuhren, Einkäufe erledigten oder sonntags einen Ausflug unternahmen – sie hatten stets ein wachsames Auge auf verdächtige Personen bzw. Aktivitäten. Diese zivile »Garde« des Grenzregimes verhinderte ca. 20 Prozent der Fluchtversuche.[24]

Im Herbst 1952 erhielt die DGP neue Uniformen und führte militärische Dienstgrade ein. Die Gesamtstärke der DGP betrug inzwischen 35 000 Mann.[25]

Wirtschaftliche Auswirkungen der Teilung

Die gesamte Infrastruktur im Hinterland beiderseits der Demarkationslinie war nachhaltig gestört. Im Deutschen Reich gab es eine industrielle Ost-West-Achse, die vom Ballungszentrum Schlesien über das sächsische Revier zum Ruhrgebiet führte. Sie wurde durch die Vereinbarungen im Londoner Protokoll und die gesellschaftspolitischen Gegensätze zwischen Ost und West zerschnitten.

Im Jahre 1936 hatte das Gebiet von Westdeutschland 36,5 Prozent seiner Produktion in das Gebiet der ehemaligen DDR geliefert und von dort ca. 39,7 Prozent der geschaffenen Güter bezogen. Der damalige Güterstrom umfaßte in West-Ost-Richtung 24 Millionen Tonnen und in Ost-West-Richtung 15 Millionen Tonnen. Vier Jahrzehnte später (1977) betrugen die Warenlieferungen von der Bundesrepublik in die DDR nur 17 Millionen Tonnen, also ein Defizit von 7 Millionen Tonnen, obwohl die Industrialisierung stark vorangeschritten war. Die Bundesrepublik bezog aus der DDR 8,9 Millionen Tonnen Güter, ein Minus von 6,1 Millionen Tonnen Waren gegenüber dem Jahr 1936.[26]

Die seit 1946 geschlossenen Interzonenvereinbarungen zwischen den Besatzungszonen der Alliierten und der SBZ sowie die nach Gründung der beiden deutschen Staaten unterzeichneten Wirtschaftsabkommen konnten die Folgen des Grenzregimes für Industrie, Verkehr und Handel nur bedingt mildern. Städte wie Lübeck, Hildesheim, Magdeburg, Hof und eine Vielzahl von Mittel- und Kleinstädten erlitten beträchtliche Einbußen. In Lübeck betrug die Arbeitslosigkeit Anfang 1952 24 Prozent. Einige Gemeinden, die durch die Zonengrenze getrennt waren, sahen sich 1952 gezwungen, neue Verkehrsanschlüsse und Versorgungssysteme aufzubauen. Viele Bauern beiderseits der Grenze verloren Ackerland.

In der Region Oberfranken, die bislang stark mit den Industrierevieren in Sachsen und Böhmen verflochten war, mußten viele Betriebe neue Rohstofflieferanten und Absatzmärkte finden. Zum Beispiel konnte nicht mehr ausreichend Kohle aus dem sächsischen Raum und aus der ČSR bezogen werden. Die höheren Transportkosten für Ruhrkohle verteuerten die Energiegewinnung erheblich.[27]

Der Personenverkehr auf den Schienen reduzierte sich enorm. 1952/53 passierten die deutsch-deutsche Grenze wöchentlich nur 49 Schnellzüge, vor dem Zweiten Weltkrieg waren es 808. Personenzüge verkehrten 1952 gar nicht mehr.

Schleswig-Holstein, Niedersachsen, Hessen und Bayern schufen 1951 den »Arbeitskreis Ostgrenzgebiete. 1953 verabschiedete der Bundestag ein Förderungsprogramm für die Zonenrandgebiete, weitere folgten.

Die DDR gewährte den Einwohnern im Grenzgebiet ebenfalls gewisse Vergünstigungen. Dazu gehörten Lohn- und Gehaltszuschläge, niedrigere Steuern, höhere Renten und zusätzliche Lebensmittelkarten.

DDR-Grenzsoldaten rissen an der Sektorengrenze Schienen heraus, da ein Lokführer im Dezember 1961 mit einer Lokomotive die Grenzanlagen durchbrochen hatte und mit seiner Familie geflohen war.

Die »Festigung« der Grenzen

Zur Niederschlagung des Volksaufstandes vom 17. Juni setzte die Regierung neben der Deutschen Volkspolizei auch Truppen der DGP und der Kasernierten Volkspolizei ein.[28]

Das MfS hatte ganz offensichtlich versagt und wurde am 23. Juli 1953 zum Staatssekretariat beim MdI herabgestuft. Damit wurde auch die DGP erneut dem MdI unterstellt.

Die Befehlsstruktur und die Unterstellung der DGP wechselten bis zur Bildung des Ministeriums für Nationale Verteidigung noch mehrmals: 1955 wurde die DGP erneut dem Staatssekretariat für Staatssicherheit zugeordnet; im Februar 1957 übernahm das MdI wiederum die Führung. Ab 1961 war die NVA für die Grenzüberwachung verantwortlich.

Auf Bitten der Regierung Adenauer stimmten die westlichen Besatzungsmächte im November 1953 einer Neuregelung des innerdeutschen Reiseverkehrs zu. Der Interzonenpaß und Aufenthaltsgenehmigungen wurden abgeschafft. Die Sowjets und die SED-Führung hoben den Interzonenpaßzwang gleichfalls auf, doch Westdeutsche und Westberliner benötigten für Besuche in der DDR nach wie vor eine Aufenthaltsgenehmigung der örtlichen DVP. DDR-Bürger mußten für Reisen in die Bundesrepublik weiterhin Bescheinigungen beantragen. Das Paßgesetz vom September 1954 drohte Personen, die das Gebiet der DDR ohne Genehmigung verlassen, eine Gefängnisstrafe bis zu drei Jahren an. Während von westlicher Seite seit 1953 für Ostdeutsche keine Reisebeschränkungen mehr bestanden, verweigerten die DDR-Behörden in den Folgejahren immer mehr Bürgern Besuche im westlichen Ausland.

Ab 23. Juni 1954 trat eine verschärfte Grenzkontrolle in Kraft; das MdI erließ eine »Anordnung über die Neuregelung der Maßnahmen an der Demarkationslinie zwischen der Deutschen Demokratischen Republik und Westdeutschland«. Diese Regelung befahl u. a. eine strengere Melde- und Aufenthaltspflicht für DDR-Bürger im Grenzbereich. In § 7 Absatz 4 wurde der Bürger dazu verpflichtet, Personen, die sich widerrechtlich im Schutzstreifen aufhalten, »sofort den zuständigen Dienststellen der Deutschen Grenzpolizei zu melden«.[29]

Laut Unterlagen des ehemaligen Archivs des Kommandos der Grenztruppen der NVA konnten im vierten Quartal 1955 mit Hilfe der Grenzbevölkerung 155 Grenzverletzer gestellt werden. Zur Festigung der Disziplin und Ordnung in den Reihen der DGP wurden neue Innendienst- und Disziplinarvorschriften erlassen. Ab Juli 1954 erhielten die Einheiten der DGP Funkanlagen.

Nach dem Beitritt der Bundesrepublik zur NATO am 5. Mai

1955 forderte das ZK der SED auf dem 23. Plenum den Ausbau der Grenzsicherung. Daraufhin modernisierten Grenzpolizisten Sperren, Signalanlagen, Nachrichtenmittel und den 10-m-Kontrollstreifen und errichteten weitere Beobachtungstürme. Außerdem rüstete man die Grenztruppen mit schweren Maschinengewehren und Panzerabwehrwaffen aus.[30]

Um den ideologischen Klassenkampf zu verstärken und insbesondere das Feindbild von den »Bonner Ultras« intensiver auszuprägen, eröffnete die DGP im Oktober 1955 eine Polit-Schule.

Im Mai 1955 unterzeichneten Vertreter von Albanien, Bulgarien, der DDR, Polen, Rumänien, der ČSR, der Sowjetunion und Ungarn einen »Vertrag über Freundschaft, Zusammenarbeit und gegenseitigen Beistand« und vereinbarten die Bildung eines »Vereinten Kommandos der Streitkräfte«. Die DDR trat im Januar 1956 dem Warschauer Pakt bei, nachdem ihr die Sowjetunion im September in einem Staatsvertrag völkerrechtliche Souveränität zugesichert hatte. Damit war globalpolitisch die Spaltung Deutschlands endgültig vollzogen.[31] Fortan firmierte die Demarkationslinie als Staatsgrenze.

Die Volkskammer beschloß im September 1955, Artikel 5 der Verfassung zu ergänzen. Er lautete nunmehr: »Der Dienst zum Schutze des Vaterlandes und der Errungenschaften der Werktätigen ist eine ehrenvolle nationale Pflicht der Bürger der Deutschen Demokratischen Republik.«

Das SED-Politbüro übertrug Ende 1955 der DGP detaillierte Aufgaben bei der »unmittelbaren Sicherung und Verteidigung der Land- und Seegrenzen der DDR gegen alle Grenzverletzungen und Provokationen«.[32] Vom 1. Dezember 1955 an war die Grenzpolizei allein zuständig für die Kontrolle und Überwachung der Staatsgrenze und am Ring um Berlin. Die DVP bewachte die Sektorengrenze in Berlin. Sowjetische Streitkräfte kontrollierten lediglich noch das eigene Militär und Angehörige der westlichen Schutzmächte Berlins sowie Ausländer. Beim Ausbau der Grenzpolizei zu einer eigenständigen Grenztruppe leisteten die Sowjets bis Ende September 1958 Unterstützung.

Anfang 1956 verabschiedete die Volkskammer einstimmig das Gesetz über die Schaffung der Nationalen Volksarmee (NVA) und des Ministeriums für Nationale Verteidigung. Als Grundstock für den Aufbau der NVA diente die Kasernierte Volkspolizei (KVP). Sie war 1948 auf SMAD-Befehl gebildet worden und unterstand der DVP nur nominell.[33]

Die KVP besaß kurz vor ihrer Aufnahme in die NVA eine Truppenstärke von 85 000 Mann. Die Personalstärke der NVA betrug 1956 ca. 120 000 Mann.[34]

Der Ministerrat erließ im Mai 1956 eine Verordnung zur Erleichterung und Regelung von Maßnahmen an der Grenze zwischen der DDR und der Bundesrepublik. Welche Perfidie, denn »erleichtert« wurde damit nur die Überwachung der Bewohner und Besucher des Grenzgebietes: Ihnen erlegte die neue Grenzordnung unter Androhung hoher Strafen noch schikanösere Meldepflichten auf, andere Bestimmungen engten die Freiräume der Einwohner weiter ein und ermöglichten der DGP eine fast uneingeschränkte Überwachung.

Ab dem 5. Dezember 1956 mußten alle Ausländer bei der Ein- und Ausreise gültige Visa der DDR vorweisen. Abkommen mit der ČSR (September 1956) und der Volksrepublik Polen (Mai 1957) sollten die gegenseitige Hilfe in Grenzangelegenheiten und die Zusammenarbeit bei der »Abwehr des Klassenfeindes« ausbauen.

Die am 1. Dezember 1956 formierte Hauptverwaltung Innere Sicherheit integrierte alle Dienstzweige der DGP, der Bereitschaftspolizei und der Transportpolizei. Sie unterstand vom 1. Februar bis 1. März 1957 dem MdI, dann wurde sie aufgelöst und das Kommando der Deutschen Grenzpolizei gebildet.

Der Kommandeur der DGP war dem Minister des Innern direkt unterstellt. Dieser ordnete im Befehl 48/57 an, eine militärische Grenzsicherung aufzubauen und die DGP »beschleunigt zu einer einsatzstarken Grenztruppe« zu entwickeln. Sie sollte befähigt werden, »beliebige bewaffnete Organe des Gegners im Grenzgebiet mit eigenen Kräften und im Zusammenwirken mit anderen bewaffneten Organen zu zerschlagen«. Zu den Maßnahmen gehörten: Gliederung der DGP in Brigaden,

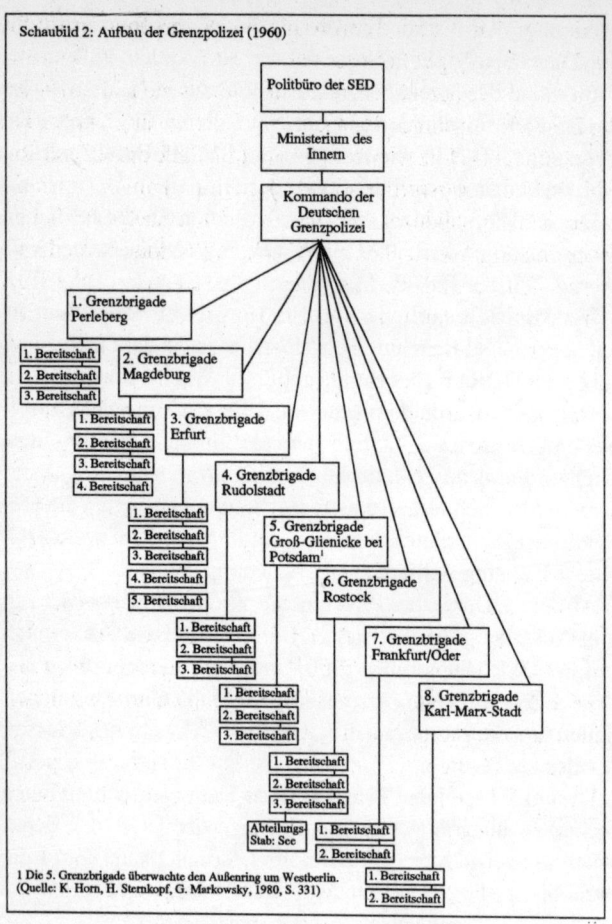

Schaubild 2: Aufbau der Grenzpolizei (1960)

1 Die 5. Grenzbrigade überwachte den Außenring um Westberlin.
(Quelle: K. Horn, H. Sternkopf, G. Markowsky, 1980, S. 331)

die in Grenzbereitschaften unterteilt waren, Zuführung neuer technischer Mittel und Waffen, eine systematische grenzsichernde Ausbildung und koordinierte Handlungen mit Kräften der NVA.[35]

Die Grenzpolizei wurde u. a. mit Infanteriewaffen, leichten Geschützen und Schützenpanzern ausgerüstet. Ende 1960 umfaßte der Personalbestand rund 48 000 Grenzpolizisten. Sie rekrutierten sich bis zur Einführung der Wehrpflicht im Jahre 1962 aus freiwilligen Soldaten.

Im Juli 1959 hatten Grenzpolizisten bereits mehr als 1 000 km der Demarkationslinie mit Stacheldrahtzäunen abgesperrt. Die Zaunpfähle aus Holz wurden durch Betonpfähle ersetzt und über 500 Beobachtungstürme aufgebaut. Hinzu kamen Alarmanlagen und Betonbunker mit Schießscharten nach drei Seiten. 80-cm-Sperrgräben sollten eine Flucht mit Traktoren und Kraftfahrzeugen verhindern. Trotz dieser massiven Grenzsicherungen stieg der Flüchtlingsstrom 1960 wieder an.

Übersiedler

Jahr	»grüne Grenze«	Westberlin	Gesamt
1957	132 043	156 377	288 420
1958	84 540	119 552	204 092
1959	53 055	90 862	143 917
1960	46 897	152 291	199 188
Gesamt	316 535	519 082	835 617

Über die offene Grenze in Berlin flüchteten in diesen vier Jahren 200 000 Menschen mehr als über die »grüne Grenze«.[36] Sie wurden in die Bundesrepublik ausgeflogen und dort in Aufnahmelagern untergebracht.

Etwa die Hälfte der Flüchtlinge waren Jugendliche unter 25 Jahren, der Anteil der Rentner betrug weniger als 10 Prozent.

Aufgaben der Deutschen Volkspolizei innerhalb des Grenzregimes

Angehörige der DVP wirkten im Rahmen ihres Auftrages »zur allseitigen Stärkung und zum zuverlässigen Schutz der Arbeiter-und-Bauern-Macht« intensiv daran mit, Gefahren und Störungen der öffentlichen Ordnung und Sicherheit vorzubeugen und die Ordnung in den Grenzgebieten zu schützen. Dazu gehörte auch die Kontrolle der Sektorengrenze in Berlin und das Ausweis-, Paß- und Meldewesen.

Die Hauptverwaltung der DVP hatte die Aufgabe, monatlich eine Statistik anzufertigen, die Flüchtlingszahlen aus den einzelnen Bezirken und die prozentuale Abnahme der Bevölkerung auswies. Anschaulicher konnte der Treibsandeffekt der Abwanderung kaum dargestellt werden. Diese Angaben wurden regelmäßig an die Parteiführung weitergeleitet.

Erich Honecker erhielt folgendes Schreiben des Stellvertretenden Ministers des Innern Herbert Grünstein:

Berlin, den 30. 12. 1958

Werter Genosse Honecker!
Beiliegend überreiche ich Dir das Zahlenmaterial über Republikfluchten ... für den Monat November 1958 zur Kenntnisnahme.

Grünstein[37]

Anteil der Übersiedler an der Gesamtbevölkerung in Prozent

Bezirke	Sep. 58	Okt. 58	Nov. 58	Dez. 58*	Ges.
Berlin	0,28	0,27	0,26	0,10	0,91
Potsdam	0,31	0,24	0,17	0,08	0,80
Frankfurt/Oder	0,19	0,18	0,16	0,10	0,63
Rostock	0,17	0,14	0,12	0,06	0,49
Schwerin	0,15	0,12	0,16	0,05	0,48
Halle	0,15	0,12	0,09	0,05	0,41
Magdeburg	0,13	0,10	0,12	0,05	0,40
Neubrandenburg	0,14	0,12	0,09	0,05	0,40
Leipzig	0,11	0,11	0,09	0,06	0,37
Erfurt	0,12	0,11	0,10	0,03	0,36
Cottbus	0,11	0,11	0,08	0,04	0,34
Gera	0,12	0,08	0,10	0,03	0,33
Dresden	0,10	0,10	0,07	0,04	0,31
Suhl	0,08	0,06	0,04	0,02	0,24
Karl-Marx-Stadt	0,08	0,06	0,05	0,03	0,22

* Zwecks besserer Veranschaulichung der Fluchtbewegung sind die Werte für das letzte Quartal 1958 aus der Tabelle hinzugefügt, die Honecker im Folgemonat erhielt.

Rechnet man die Zahlen für Ostberlin hoch, so flüchteten innerhalb von einem Jahr ca. 3,6 Prozent der Stadtbevölkerung. Nimmt man eine gleichbleibende Flüchtlingsbewegung und Geburten-/Sterberate an, wären 28 Jahre später, also 1987, sämtliche Einwohner der DDR-Hauptstadt ausgewandert gewesen.

In einer Akte des MdI ist für den Bezirk Rostock vermerkt: »Durch Fernschreiben wurden die Kreise des Bezirks am 28.08.52 angewiesen, bei Republikflucht, insbesondere derjenigen Personen die für die DDR von Interesse und Bedeutung sind, sofort nach Bekanntwerden der Flucht die BDVP Rostock durch Meldung in Kenntnis zu setzen. Weiter wurde angeordnet, in jedem Fall ein kriminalpolizeiliches Untersuchungsverfahren einzuleiten... Der sachliche Schwerpunkt in der Republikflucht lag vor allem bei den Arbeitern und den Bauern...«[38]

Die Ermittlungen schlossen Verhöre von Angehörigen und Bekannten sowie Durchsuchungen in deren Wohnungen ein.

Polizisten versuchten, Bauern durch »parteiliche Agitation« von der Flucht abzuhalten: »Die Aktion, die in der Zeit vom 22.10.–1.11.51 unter Einsatz von 12 Angehörigen der Abteilung K. der BDVP Rostock [durchgeführt wurde], zeigte gute Erfolge. Insgesamt konnten 24 Personen davor bewahrt werden illegal auszuwandern.«[39]

Die DVP war berechtigt, bei Fluchtverdacht den Personalausweis einzuziehen. Auch nach dem 13. August 1961 wurde diese Methode beibehalten.

Die Abriegelung des Arbeiter-und-Bauern-Staates (1961–1970)

> Die Mauer tötete nicht nur Flüchtlinge – sie machte eine ganze Gesellschaft krank. Wir waren Bürger eines Staates, der sich gezwungen sah, sich – nein: uns! – einzumauern.
>
> *Friedrich Schorlemmer*

Zur Entwicklung der DDR im Schatten der Mauer

Bereits seit Anfang der 50er Jahre hatte sich das SED-Politbüro mit dem Bau einer Mauer durch die Millionenstadt Berlin befaßt. Fritz Schenk, persönlicher Referent des Vorsitzenden der Staatlichen Plankommission, erzählte davon nach seiner Flucht in den Westen im Jahre 1958.[1] Westliche Geheimdienste waren lange vor dem Mauerbau über das Vorhaben informiert, Westberlin für die DDR-Bevölkerung abzuriegeln. Auch die bundesdeutschen Medien berichteten über solche Pläne.

Auf einer Tagung des Warschauer Paktes im März 1961 forderte Ulbricht eine Stacheldrahtbarriere um Westberlin, da die DDR wegen der massiven Abwanderung ihrer Bürger vor dem Bankrott stand. Chruschtschow stimmte Ulbricht zunächst nicht zu, wie der damalige stellvertretende tschechoslowakische Verteidigungsminister Jan Sejna bestätigte, der nach der Niederschlagung des Prager Frühlings in den Westen flüchtete.[2] Während des Gipfeltreffens mit Kennedy Anfang Juni 1961 in Wien erneuerte der Kreml-Chef das Berlin-Ultimatum von 1958. Für Kennedy standen drei Dinge nicht zur Disposition: »das Recht der Westalliierten, in Westberlin präsent zu sein, die Unantastbarkeit der alliierten Zufahrtswege nach Westberlin und die Verpflichtung, der Westberliner Bevölkerung die Selbstbestimmung ihrer Zukunft und die freie Wahl ihrer Lebensform zu gewährleisten«.

»Niemand hat die Absicht eine Mauer zu errichten!« Diese Beteuerung Ulbrichts hatte den Flüchtlingsstrom nicht gebremst, sondern verstärkt. Im Monat Juli flüchteten mehr als 30 000 Ostdeutsche in die Bundesrepublik, im Monat August waren es 47 433 Bürger. Eine Woche vor dem 13. August berichtete die Wochenzeitung »Der Spiegel«: »Als einzig wirksame Maßnahme, den Flüchtlingsstrom abzustoppen, bietet sich der SED nur noch die Radikallösung an, die Sektorengrenze innerhalb Berlins für alle DDR-Bürger zu sperren ... Wenn es Ulbricht nicht gelingt, die Massenflucht einzudämmen, ist seine Chance gleich Null, den Lebensstandard der Bevölkerung so zu heben, daß sie willens wäre, die Inkommoditäten des volksdemokratischen Alltags, vornehmlich seine muffige Atmosphäre ... in Kauf zu nehmen.«[3]

Anfang August erhielt Ulbricht auf einem Treffen der Ersten Sekretäre der »Bruderparteien« in Moskau das OK, um den Exodus der DDR abzuwenden. Die Regierung hätte den »antifaschistischen Schutzwall« nicht ohne das Einverständnis der Sowjetunion und der anderen Warschauer-Pakt-Staaten errichten können; doch die Initiative zum Mauerbau ging stets vom SED-Politbüro aus.

Die fast hermetische Abriegelung der innerdeutschen Grenzen und der Sektorengrenze offenbarte das Scheitern der bisherigen Deutschlandpolitik in Ost und West. Die SED hatte die DDR-Bevölkerung nur bedingt von der Überlegenheit des sozialistischen Gesellschaftssystems überzeugen können, und der Westen war gescheitert mit dem Plan, die »Zone« durch eine Politik der Stärke aus dem Ostblock herauszulösen. In der DDR begann nach dem Mauerbau eine Phase der Stabilisierung. Das gesellschaftliche Gesamtprodukt stieg von 141 Milliarden Mark im Jahr 1961 auf 164 Milliarden im Jahr 1964.[4]

Mit der Einführung eines Neuen Ökonomischen Systems der Planung und Leitung (NÖSPL) im Sommer 1963 wollte man eine Wirtschaftsreform einleiten, die Eigenverantwortung von Betrieben und Institutionen erhöhen und Elemente des Wettbewerbs in Wirtschaft und Gesellschaft einführen. Eine Industriepreisreform, die Umbewertung der Grundmittel, ein neues Vertragsgesetz sollten die Warenproduktion, den Binnen- und Außenhandel sowie das Kreditwesen optimieren.

Die Reformen blieben auf halbem Wege stecken. Es gelang nicht, kostendeckende Industrie- und Verbraucherpreise und Mieten sowie eine effizientere Subventionspolitik durchzusetzen. Auch die Kennziffern der Staatlichen Plankommission wurden nur zum Teil realisiert. Dennoch stieg die DDR im RGW zur zweitstärksten Industriemacht nach der Sowjetunion auf. 1969 erreichte die Industrieproduktion in Ostdeutschland ein höheres Niveau als im Deutschen Reich 1936.[5] Die Rohstahlproduktion stieg von 3,8 Millionen Tonnen (1961) auf 5 Millionen Tonnen (1970). Der Ausbau der Konsumgüterproduktion ließ den Lebensstandard wachsen: 1960 besaßen nur 17 von 100 Haushalten einen Fernsehempfänger, 1970 waren es bereits knapp 70 Haushalte; ähnliche Steigerungen gab es bei Waschmaschinen (von 6 auf 54 pro 100 Haushalte) und Kühlschränken (von 6 auf 56 pro 100 Haushalte).[6]

In der Landwirtschaft konnte durch Intensivierung und Mechanisierung die Produktion ebenfalls gesteigert werden. Großflächenwirtschaft, der Anbau von Monokulturen und die Massentierhaltung richteten jedoch ökologische Langzeitschäden an.

Nach dem 13. August konnten Ostberliner nicht mehr in Westberlin arbeiten und Westberliner den Ostteil der Stadt nicht mehr besuchen. Erst für die Weihnachtszeit 1963 kam ein Passierscheinabkommen zustande. Insgesamt besuchten vom 19. Dezember 1963 bis 5. Januar 1964 1,2 Milllionen Westberliner ihre Verwandten in Ostberlin. Weitere Abkommen dieser Art folgten im Herbst 1964, zum Jahreswechsel 1964/65 und 1965/66 sowie zu Ostern und Pfingsten 1966.

Der Partei- und Staatsapparat setzte weiterhin stärker auf eine ideologische Abgrenzung zum Westen, insbesondere zur Bundesrepublik, als auf die Demokratisierung der Gesellschaft. Zum rigorosesten und folgenreichsten Eingriff der SED-Führung in Kunst und Kultur kam es durch das 11. Plenum des ZK im Dezember 1965. 12 Filme der DEFA-Produktion des Jahres 1965 wurden verboten, zahlreiche Projekte abgebrochen. Das Fernsehen, Verlage, Theater, Beatgruppen mußten ebenfalls Restriktionen hinnehmen.

Riesiger Andrang nach Ausgabe von Passierscheinen und Antragsformularen für Westberliner zum Besuch von Verwandten im Ostsektor von Berlin, 20. Dezember 1963.

Das 1968 in Kraft getretene neue Strafgesetzbuch verschärfte das politische und das Jugendstrafrecht. Für »ungesetzlichen Grenzübertritt« drohte eine Haftstrafe bis zu acht Jahren. Auch Bagatelldelikte von Jugendlichen ahndete man häufiger als früher mit Gefängnis. Der Repressionsapparat arbeitete weiter gegen die politische Opposition, nur wurden mit dem Ausbau des MfS die Überwachungsmethoden perfekter und leiser.

Nach dem Gesetz über die Staatsbürgerschaft im Jahre 1967 verabschiedete die Volkskammer 1968 eine neue Verfassung, in der die DDR zum »sozialistischen Staat deutscher Nation« deklariert wurde. Partei und Regierung bemühten sich, in jeder Hinsicht die Eigenständigkeit der DDR zu demonstrieren. Bei den Olympischen Spielen 1968 in Mexiko starteten erstmals zwei deutsche Mannschaften, vier Jahre zuvor in Tokio war eine gesamtdeutsche Equipe angetreten. Im Juni 1968 ordnete die DDR-Regierung die Einführung des Paß- und Visumzwangs sowohl im Transitverkehr zwischen der Bundesrepublik und Westberlin an als auch im Reiseverkehr zwischen der Bundesrepublik bzw. Westberlin und der DDR. Der tägliche Mindestumtauschsatz betrug für Besucher der DDR zunächst 10 DM und 5 DM für Besucher Ostberlins.

1967 hatte der Ministerratsvorsitzende Willi Stoph Bundeskanzler Kiesinger Verhandlungen zur Normalisierung der Beziehungen vorgeschlagen, um die Anerkennung der DDR als gleichberechtigter Staat zu erreichen. Der Briefwechsel führte zu keinem Ergebnis, da die Bundesregierung am Alleinvertretungsanspruch festhielt und die Hallsteindoktrin nicht lockerte. Erst die sozialliberale Koalition unter Willy Brandt entwickelte neue ost- und deutschlandpolitische Konzepte, die den Zusammenhalt der Deutschen trotz der staatlichen Teilung erleichterten.

Der 13. August 1961

Unter strenger Geheimhaltung fuhren seit dem 1. August 1961 Lkws aus verschiedensten Orten der DDR Betonpfähle, Stacheldraht und Stahlträger in Richtung Berlin. Diese »Materialtransporte [schufen] wesentliche Voraussetzungen, um zu einem bestimmten Zeitpunkt schlagartig die wichtigsten Richtungen an der Staatsgrenze zu Westberlin pioniermäßig zu verstärken«[7]. »Durch die sorgfältige Tarnung der Maßnahmen glaubten selbst die Beteiligten, die Kraftfahrer und das Begleitpersonal, daß es sich um Transporte für bestimmte kleinere Bauprojekte handelte. Ein wesentliches Mittel der Tarnung bestand darin, die Transporte über Anlaufpunkte in den verschiedensten Bezirken der Republik zu leiten und sie dezentralisiert in der Nähe Berlins zu entladen.«[8]

Dokumente der Grenztruppen der DDR aus den 60er Jahren enthalten Angaben über die materiellen Aufwendungen zur Abriegelung der Grenze:
– 18 200 Betonsäulen,
– 150 Tonnen Stacheldraht (z. T. in Westdeutschland gekauft),
– 110 Festmeter Holz,
– 5 Tonnen Bindedraht und
– 2 Tonnen Krampen.

Zufahrtsstraßen sollten u. a. durch zusammengeschweißte

Stahlträger mit Doppel-T-Profil abgesperrt werden. Die sogenannten Igelsperren hinderten selbst T-34-Panzer »an der Vorwärtsbewegung«[9].

Die von westlichen Geheimdiensten »Chinese Wall« titulierte Aktion war militärstrategisch genauestens geplant. Die NVA wurde in erhöhte Gefechtsbereitschaft versetzt. Flakbatterien, Abteilungen eines Panzerregimentes und andere Truppen, die sich auf diversen Übungen im Land befanden, kehrten in ihre Kasernen zurück und hielten sich kampfbereit. In den ersten zwei Augustwochen sammelten sich Einheiten um den Außenring von Westberlin. Sie waren in Feldlagern untergebracht.[10]

Bei der Absperrung Westberlins wurden neben NVA-Truppenteilen auch bewaffnete Kräfte des MdI (Volkspolizei und insbesondere Transportpolizei), Kampfgruppen und Mitarbeiter des Ministeriums für Staatssicherheit eingesetzt. Angehörige der in der DDR stationierten sowjetischen Streitkräfte unterstützten die Aktion und gaben ihr globalpolitischen Charakter.

Detaillierte Angaben über das militärische Aufgebot am 13. August finden sich im Befehl 001/61 des Verteidigungsministers der DDR Heinz Hoffmann:

»Die Truppenteile der Nationalen Volksarmee bilden in den befohlenen Abschnitten mit den Kräften der 1. und 8. MSD [Motorisierte Schützendivision] eine zweite Sicherungsstaffel in einer Tiefe von ca. 1 000 m von der Grenze. Es werden eingesetzt:

a) im demokratischen Berlin – 2 MSR [Motorisierte Schützenregimenter], 1 PR [Panzerregiment], 1 AB [Artillerie-Batterie], 1 Pi-B [Pionierbataillon]

b) am Außenring von Westberlin – 3 MSR, 1 PR, 1 AB, 1 Pi-B.... Die Aufstellung der Kräfte ist am 13. 08. [um] 08.00 Uhr zu beenden. Die Anwendung der Schußwaffe ist kategorisch verboten und erfolgt nur auf meinen Befehl. Die Munition in den Panzern ist zu versiegeln ... Scharfe Munition erhalten nur Wachen und Streifen. Die 8 MSD mit dem MSR-28 und 29, PR-8, AB-8 und Pi-B8 im Bestand von mindestens 3 150 Mann,

Potsdamer Platz, 13. August 1961

100 Panzer und 120 SPW [Schwimmpanzerwagen] haben bereit zu sein, innerhalb des demokratischen Berlin im Zusammenwirken mit den Kräften des MdI den Durchbruch der Sektorengrenze ... zu unterbinden ...

Die 1 MSD mit dem MSR-1,2 und 3, PR-1, AB-1 und Pi-B1 im Bestand von mindestens 4 200 Mann, 140 Panzer, 200 SPW hat bereit zu sein, im Zusammenwirken mit der 5. Grenzbrigade am Außenring von Westberlin den Durchbruch ... zu unterbinden ...«[11]

Innenminister Karl Maron wies im Befehl 002/61 die 5. Grenzbrigade an, mit ihren drei Grenzbereitschaften am westlichen Außenring von Groß-Berlin eine verstärkte Grenzsicherung durchzuführen und Absperrmaßnahmen einzuleiten. Der Kommandeur erhielt zu diesem Zweck die Befehlsgewalt über die Lehrbereitschaft Potsdam der Bereitschaftspolizei, die Offiziersschule der DGP sowie 4 Pionierzüge und Grenzkompanien.

DDR-Militärs berichteten: »Es war geboten unverzüglich den

Westberliner beobachten am 13. August 1961 den Aufbau der Grenzanlagen in Kleinmachnow.

beiden vorbereiteten Verbänden den Befehl zum Einsatz zu geben und die ganze NVA in erhöhte Gefechtsbereitschaft zu versetzen. Am 12.08.1961, 15.00 Uhr, wurde in den Truppenteilen der 8. und 1. MSD Ruhe befohlen. Die beiden Divisionskommandeure, Oberst Amm und Oberst Gotthilf, und ihre Leiter der Politabteilungen ... sowie die Regimentskommandeure ... hatten sich um 18.00 Uhr beim Minister für Nationale Verteidigung in Wilkendorf zu melden. In seiner Ansprache im Verlaufe des Abends führte der Genosse Minister aus, daß der Ministerrat vom 12.08.1961 in Erfüllung der Forderungen der Werktätigen ... weitere Maßnahmen getroffen hat, um die friedliche Koexistenz in Deutschland ... zu gewährleisten ...«[12]

Am 13. August wurde Schlag 0.00 Uhr in sämtlichen Kasernen, Dienststellen und Feldlagern der bewaffneten Organe der DDR Gefechtsalarm ausgelöst. Verteidigungsminister Hoffmann gab in seinen Erinnerungen zum besten, daß sie »damals die Stäbe und Verbände der Volksarmee – durch bestimmte

Truppenbewegungen getarnt – heranführten. Erich Honecker rief mich nachts an, gab mir die ›X-Zeit‹ und sagte: ›Die Aufgabe kennst du! Marschiert!‹ Wir waren kaum an der Grenze, da war auch Erich Honecker da und überzeugte sich, ob unsere Panzer und anderen Einheiten an der richtigen Stelle standen. Er sprach nicht nur mit mir …, sondern … an Ort und Stelle [auch] mit den Soldaten und erläuterte ihnen, warum wir diese Maßnahmen durchführen mußten.«[13]

Die Politorgane und Kommandeure waren angewiesen, »bei allen Handlungen offensiven Kampfgeist, Standfestigkeit und eine hohe Disziplin aller Armeeangehörigen zu sichern«. Die niederen Dienstgrade erfuhren den Grund ihres Einsatzes nicht nur wegen der strikten Geheimhaltung erst kurz vor Beginn der Aktion, sondern auch, um mögliche Proteste und Verweigerungen auszuschließen.

Der Plan des Stabes der Volkspolizei Berlin sah vor: 1.30 Uhr: Schließen der Übergänge (außer den für Personen- und Kfz.-Verkehr vorgesehenen KP). 4.00 Uhr: »größte Dichte entlang der Grenze erreicht«, »Umgruppierung der Kräfte Sicherungskommando Bln. zur verstärkten Sicherung an den KP«, »pioniermäßige Sperrung der Übergänge außer den 16 KP«. Bis 4 Uhr sollten die Nachrichtenverbindungen durch Draht und »bewegliche Mittel«, wenn nötig durch »Funk (gedeckt)« gesichert sein und bis zum Ende des Tages 9,6 Kilometer Drahtsperren in den Hauptrichtungen der vermuteten Flüchtlingsbewegungen aufgebaut werden.

Alle Befehle wurden ausgeführt. Die in und um Berlin eingesetzten Grenzsicherungskräfte und Kampfgruppen unterbrachen den durchgehenden Schienennahverkehr von und nach Westberlin, schlossen mehr als 80 Straßenübergänge und begannen mit dem einfachen pioniermäßigen Ausbau der Staatsgrenze. NVA-Truppen bildeten die zweite und Angehörige der sowjetischen Streitkräfte eine dritte Sicherungsstaffel.

Die DDR-Militärs feierten die Aktion als »Meisterwerk strategischer Planung und Präzision und Opferwilligkeit«, das den Gegner »überraschte und lähmte«. Niemand sei »zu Schaden

DDR-Grenzpolizist, Fotomontage 1961

gekommen außer den Diversanten und Agenten, den Währungsspekulanten und Seelenverkäufern und vor allem den Kriegspolitikern, die vom Westen aus den Marsch durchs Brandenburger Tor anzutreten gehofft hatten und vor denen nun die Tür dröhnend ins Schloß fiel«.[14]

In Wahrheit war der 13. August ein Schock für die allermeisten Deutschen, vor allem für die Berliner. Die Westmächte rea-

Gespräche am Grenzzaun werden nicht geduldet; Mengerzeile im Südosten Berlins, 18. August 1961

gierten – wie sie der Sowjetunion vorher signalisiert hatten – zurückhaltend und zögernd auf die Abriegelungsmaßnahmen, ebenso die Bundesregierung. Zwar fuhren am Checkpoint Charlie amerikanische Panzer auf, doch als Demonstranten Absperrungen niederreißen wollten, hielt sie der Regierende Bürgermeister von Berlin Willy Brandt davon ab.

Ein westdeutscher Journalist, der in diesen Tagen in der DDR Urlaub machte, schrieb in sein Tagebuch: »Adenauer, ... Kennedy, die Nato. Sie können uns ja nicht allein lassen. Sie haben es doch versprochen. Sie werden uns helfen ... Wo bleibt Adenauer ...? Warum ist er noch nicht in Berlin? Und Kennedy? – Wochenendferien ... Und MacMillan? – Er spielt wahrscheinlich Golf ... Mein Gott, sie fahren in die Freiheit, und wir müssen hier zurückbleiben – im Gefängnis.«[15] Der britische

Westberliner Bürger blicken in die Hauptstadt der DDR am Nachmittag des 23. 8. 1961, nachdem der Westberliner Senat die von der DDR auf zwei Westberliner Bahnhöfen eingerichteten Passierscheinbüros für friedliche Westberliner Bürger hat von seiner Polizei schließen lassen.

Premier Macmillan war tatsächlich an jenem 13. August in Schottland im Urlaub, und Kennedy unternahm einen Ausflug mit seinem Kabinenkreuzer »Marylin« auf dem Atlantik. Adenauer wiegelte ab und stellte klar, daß nur »im Verein mit unseren Alliierten ... Gegenmaßnahmen getroffen« werden können.

Der Bundeskanzler besuchte die geteilte Stadt erst am 16. August. Zwei Tage später sprachen er und Brandt vor dem Bundestag. Auf Weisung Kennedys kam am 19. August Vizepräsident Johnson nach Westberlin.

Am 16. August 1961 gab das ZK der SED eine Direktive »zur weiteren Erhöhung der Ordnung und Sicherheit im gesamten Grenzgebiet zur BRD und Berlin (West)« bekannt. Das MdI erließ am 22. August neue Direktiven für »die Übergänge im Straßenverkehr zwischen der Hauptstadt der Deutschen Demokratischen Republik (das demokratische Berlin) und Westberlin«. Fortan waren für die Ein- und Ausreise von Ausländern, Einwohnern Westdeutschlands und Westberlins nur bestimmte Kontrollpunkte zugelassen. Vom Einreiseverbot für Westberliner nach Ostberlin waren nur jene 6 000 Bürger ausgenommen, die im Ostteil der Stadt arbeiteten. Für DDR-Bewohner trat damit eine Besuchersperre für die Bundesrepublik und Westberlin in Kraft.

Der zentrale Stab ordnete am 20. September die »forcierte Verstärkung der pioniermäßigen Schließung der Staatsgrenze in Berlin« an: »Alle Durchbruchsversuche müssen unmöglich gemacht werden.« Da die unmittelbar an der Sektorengrenze stehenden Häuser nicht mit einem Schlag geräumt werden konnten, siedelte man alle »unzuverlässigen Elemente« »mit Kampfgruppen in Zivil« um. Bauarbeitertrupps ersetzten den Drahtzaun bis November 1961 durch eine panzerfeste Betonmauer, die auf Anweisung Ulbrichts verputzt werden mußte, damit sie »zivilisiert« aussähe.

Die DDR-Organe registrierten in der Zeit vom 13. 08. bis zum 10. 10. 1961 372 erfolgreiche Grenzdurchbrüche, dabei flohen 572 Personen, darunter mindestens 123 Frauen und 30 Kinder. Dazu wurden 20 Lkws, ein Kranwagen und 9 weitere Kraftfahrzeuge benutzt. Die Hälfte der Fahrzeuge blieb in den Sperranlagen stecken.[16] In den ersten zehn Oktobertagen des Jahres 1961 wendeten die bewaffneten Organe der DDR bei 9 Fluchtversuchen um Westberlin die Schußwaffe an; dabei feuerten sie 14 Warnschüsse und 25 Zielschüsse auf die Flüchtlinge ab; zwei Personen erlitten Verletzungen, zwei Personen wurden getötet. Die Leichen barg man in Westberlin.[17] Insgesamt kamen durch die Absperrmaßnahmen vom 13. August bis Ende 1961 nachweislich 21 Menschen an der Berliner Grenze ums Leben. Das erste Todesopfer war Rudolf Urban. Er wollte sich am 19. August aus einem Haus in der Bernauer Straße abseilen und stürzte dabei ab; er erlag seinen Verletzungen.[18]

Die Zahl der Flüchtlinge sank von 47 433 Personen im August 1961 auf 2 420 Personen im Dezember.[19]

Die Ungeheuerlichkeit der Berliner Mauer brachte der russische Schriftsteller Viktor Nekrassow in einem Gleichnis zum Ausdruck: »Und jetzt schließen Sie die Augen und versuchen Sie, sich für einige Augenblicke folgendes vorzustellen: Sie verlassen das Gebäude des zentralen Telegraphenamtes in Moskau. Sie haben jemandem ein Telegramm geschickt und gehen nun die Gorkistraße hinauf ... Ohne Eile schlendern sie dahin und rauchen eine Zigarette. Sie gehen am Pelzgeschäft vorbei, am Moskauer Rathaus ... Sie betrachten die Gegend, aber seltsamerweise sehen sie immer weniger Menschen. Sie sehen auch keine Trolleybusse und keine Autos mehr. Sie sind an der Kleinen-Gnesdikowskij-Gasse vorbeigegangen, kommen zur Großen, und ... aus der Großen-Gnesdikowskij-Gasse wälzt sich die Mauer heraus. Sie ist hoch, drei Meter, vielleicht mehr, glatt, grau; oben, auf V-förmigen Streben, Stacheldraht ... Und diese Mauer kriecht aus der Gasse heraus, wälzt sich am Bürgersteig entlang, überquert dann im rechten Winkel die Gorkistraße ... Halt!, weiter geht es nicht! – Hinter der Mauer eine Ödfläche. Kein Puschkin-Platz, kein Garten, kein Denkmal. Nur eine Ödfläche bis zum Verlagsgebäude der ›Iswestia‹ – und von der ›Iswestia‹ zur Sparkasse eine zweite Mauer. In der Mitte nichts, eine Ebene, Unkraut. Aber hinter dieser Mauer und vor der anderen je zwei Reihen spanischer Reiter, zusammen vier. Dort, wo früher das Denkmal Puschkins stand, ein Wachturm, und wo das andere Denkmal war, noch ein Turm. Ein Wachturm auf der Tschechowstraße. Überall Wachtürme ... Ein Schreckenstraum, ein Alptraum, ein Trauma, Kafka.«[20]

Der Ausbau des »antifaschistischen Schutzwalls«

Mit der Abriegelung Berlins am 13. August ordneten die Organe eine verstärkte Überwachung der Staatsgrenze an: Maschinen der Luftstreitkräfte befanden sich ständig in Startbereitschaft, die Küstenabschnitte wurden intensiver überwacht und an der gesamten Landesgrenze zur BRD zusätzliche Sicherungsmaßnahmen eingeleitet.[21]

In den »Grundsätzen für die pioniermäßige Verstärkung und Kennzeichnung der Staatsgrenze der DDR zu Westdeutschland« wurde festgelegt:

»In der 1. Etappe [bis zum 30. November 1961] werden errichtet:
– Drahtminen, Drahtsperre auf 2 Pfählen mit S-Rolle 265 km,
– Straßensperren (Barrieren): 117,
– Beobachtungstürme: 40.

In der 2. und 3. Etappe [1. April bis 30. November 1962] sind zu errichten:
– Drahtminensperre, Drahtsperre: auf 551 km (Pfähle mit S-Rolle u. a. Inf.-Sperren)
– Straßensperren: 192,
– Beobachtungstürme: 98,
– Lichtsperren: auf 24,5 km,
– Scheinwerfer: 18.«[22]

Dokumente der Grenztruppen geben über den zeitlichen Ablauf genauer Auskunft: In der ersten Etappe (vom 13. Oktober bis zum 20. Dezember 1961) verlegten die 5. Grenzbrigade (Stab: Kalbe in der Altmark) und die 9. Grenzbrigade (Stab: Erfurt) Minen- und Drahtsperren. Während der zweiten Etappe (vom 1. April bis zum 30. Juni 1962) führten die 11. Grenzbrigade (Stab: Meiningen) und die 9. Grenzbrigade den Hauptteil der Ausbauarbeiten durch. In der dritten Etappe (vom 1. August bis zum 30. November 1962) folgten die 11. Grenzbrigade (Stab: Meiningen) und die 13. (Stab: Rudolstadt), den Abschluß bildeten die 3. (Stab: Perleberg) sowie die 13. Grenzbrigade in der vierten Etappe (vom 20. Mai bis zum 30. September 1963).

Betonmauern, Stacheldraht und Panzersperren aus Eisen trennen Ost und West; Potsdamer Platz, 24. November 1961

So sah der US-Justizminister Robert F. Kennedy das Zentrum Berlins, den Potsdamer Platz; 22. Februar 1962

Allein in der letzten Etappe benötigte man
- 235 000 Schützenminen,
- 141 214 Stück Betonsäulen,
- 33 264 Stück Holzpfähle und
- 2 078 Tonnen Stacheldraht.[23]

1962 starben 12 Personen durch die Einwirkung von Minen.[24] Aber nicht nur Menschenopfer waren zu beklagen. Häufig löste Wild Minen aus. Sonderkommandos der Grenztruppen, die nach jeder Detonation vor Ort geschickt wurden, mußten oft qualvoll verendete Tierkadaver einsammeln.[25]

Von der Grenze zu Volkspolen und zur ČSSR abkommandierte Einheiten halfen beim Ausbau der Abriegelung mit. Die eingesetzten Arbeitskolonnen zählten zum Teil mehr als 400 Personen. Das Verhältnis zwischen den Arbeitern und Bewachern lag häufig bei eins zu eins. Schützenpanzerwagen mit aufgebauten Maschinengewehren sollten Grenzdurchbrüche

Aufbau des Grenzzauns in Kleinmachnow, 1961

von Mitgliedern der Arbeitskolonnen verhindern. Das »gesamte Vorfeld [wurde] in einer Tiefe von mindestens 100 Metern dem Erdboden gleichgemacht. Ganze Waldbestände ... [wurden] abgeholzt oder niedergebrannt, tiefe Schneisen geschlagen, zahlreiche Häuser in diesem Streifen ... abgebrochen.«[26] Die Grenztruppen riegelten Zufahrtsstraßen ab und begannen mit der Errichtung eines zweiten Kontrollstreifens (K2). Zwischen K1 und K2 erstreckte sich das sogenannte Niemandsland, auf dem sich immer mehr getarnte Grenzposten, Gräben und Wachtürme befanden. Zur Geheimhaltung dieser Maßnahmen vernebelte das DDR-Militär an manchen Orten die Baubereiche.[27]

Am 21. September 1961 wurden die »Bedingungen für den Aufenthalt im Grenzgebiet« nach 1956 ein weiteres Mal verschärft. Innenminister Maron begründetete dies mit der zunehmenden Hetze auf seiten der BRD und Bürgerkriegsvorbereitungen, mit denen »die westdeutschen Militaristen die Aufrüstung und atomare Bewaffnung der Bundeswehr« forcierten.[28] Wer im Grenzgebiet wohnte, mußte sich neu registrieren lassen. Ebenso alle Personen, die in der Sperrzone nur arbeiteten. Ihre Registriervermerke waren nicht mehr sechs, sondern lediglich noch drei Monate gültig. Öffentliche Veranstaltungen im Grenzgebiet mußten um 24.00 Uhr beendet werden. Bürger kapitalistischer Staaten, Westdeutschlands und Westberlins durften die 500-m-Schutzzone und die Sperrzone nicht mehr betreten. Die Bewohner des Sperrgebietes waren verpflichtet, jede Person, die sich ohne Genehmigung dort aufhielt, sofort an die Polizei zu übergeben.

Die Organe siedelten weitere 3 175 Menschen zwangsweise aus dem Grenzgebiet aus. Die sogenannte »Aktion Kornblume« leitete Stasi-Chef Mielke. Eine Betroffene, Luise Walleshauser aus Dömitz, erinnerte sich: »Durch ungewöhnliche Geräusche im Hause wurde ich wach, zog meinen Trainingsanzug über das Nachthemd und ging ins Wohnzimmer. Mit bleichem Gesicht saß dort mein Mann auf einem Stuhl, um ihn herum standen drei Männer, einer in Polizeiuniform. Ich hörte gerade noch wie er sagte: ›... weil Sie eine faschistische Gesinnung haben und mit Gärtner Seifert befreundet sind. Sie kommen nach

Zölkow, Kreis Parchim.‹ Er erklärte uns, wir müßten heute noch Dömitz verlassen. Ich fing an, mit dem Polizisten zu diskutieren und erklärte ihm, ich werde mein Elternhaus nicht verlassen. Plötzlich fuhr ein LKW vor und acht bis zehn Männer drangen in unser Haus ein. Der Polizist befahl ihnen: ›Packen Sie alles ein!‹ Und zu mir gewandt: ›Was bis 12.00 Uhr verpackt ist, kommt mit, der Rest bleibt hier.‹«[29]

Innenminister Maron bestimmte im Befehl 35/61, welche Personengruppen keine Zuzugsgenehmigung für das Grenzgebiet erhalten sollten. Unter anderem zählten dazu ehemalige Ortsbauernführer, Ausländer, Staatenlose, Rückkehrer aus Westdeutschland und Westberlin, mehrfach Vorbestrafte und Personen, die als Grenzgänger aufgefallen waren.

Des weiteren erließ er im September 1961 den Befehl 39/61. Dort waren in 27 Punkten neue Restriktionen für die Bewohner im Sperrgebiet aufgelistet. Getreide, Mais und andere hochwachsende Kulturen durften erst 100 m nach der Grenze angebaut werden, bauliche Veränderungen, die die Grenzsicherung behinderten, waren untersagt, öffentliche Badeanstalten in Grenzgewässern mußten schließen.

Personengruppen, denen die Organe unterstellten, »Ordnung und Sicherheit im Sperrgebiet« zu gefährden, erhielten keine Genehmigung zur Einreise mehr. Dies betraf u. a. »Rechtsbrecher, Rowdys und asoziale Elemente«, aus dem Sperrgebiet Ausgesiedelte und »Personen, die eine negative Einstellung zu unserer Arbeiter- und Bauernmacht« haben.

Diese und andere Anordnungen legten das öffentliche Leben im Sperrgebiet nahezu lahm. Die Anwohner konnten sich auch nicht wehren, wenn für das Anlegen der Grenzschutzstreifen und Grenzbauten Grundstücke und Gebäude requiriert wurden.[30]

Der Nationale Verteidigungsrat der DDR befahl am 20. September 1963 weitere Räumungs-, Verlegungs- und Abrißarbeiten im Grenzgebiet zu Westberlin. Am 24. März 1965 berichtete der Vorsitzende der Bezirkseinsatzleitung Paul Verner, daß 47 Wohngebäude geräumt und 50 Wohngebäude abgerissen seien. 18 Betriebe bzw. Betriebsteile hatte man verlegt. Bis Ende der

60er Jahre sollten im grenznahen Gebiet um Westberlin weitere 163 Wohngebäude geräumt, 186 Häuser sowie 112 Lauben abgerissen, 65 Betriebe abgerissen bzw. verlegt werden. Die Zwangsumsiedlung von 1 369 Personen war miteingeplant. Der Kostenvoranschlag für die Maßnahmen belief sich auf 40,22 Millionen Mark.[31]

Im September 1961 wurde die Grenzpolizei – bis auf die Grenzsicherungskräfte um Berlin - in die Nationale Volksarmee eingegliedert. Seitdem nannte sich die Grenzpolizei »Kommando der Grenztruppen der NVA«. Zu diesem Zeitpunkt verfügten die Grenztruppen über folgenden Personalstamm: 2 Generale, 4 167 Offiziere, 6 617 Unteroffiziere und 27 532 Soldaten. Die gesamte Truppenstärke belief sich damit auf 38 318 Personen. Sie dienten an der Grenze zur Bundesrepublik (68 Prozent), an der Küstengrenze (6 Prozent), an der Grenze zur VR Polen (4 Prozent) und zur ČSSR (2 Prozent). Ein Fünftel der Grenztruppen wurde u. a. in Schulen und Kommandostäben eingesetzt.

Die Deutsche Grenzpolizei brachte eine respektable Bewaffnung und Ausrüstung in die NVA ein.

Bewaffnung der Grenzpolizei
(Auszug)

Waffenart	Stückzahl
Mittlere Panzer	60
Schwimmpanzerwagen	373
Handfeuerwaffen	39 391
Leichte Maschinengewehre	2 813
40 mm Panzerbüchsen	2 784
82 mm rückstoßfreie Geschütze	220
107 mm rückstoßfreie Geschütze	54
85 mm selbstfeuernde Kanone	144
Motorräder	794
Pkws und spezielle Kfz	1 221
Lkws	1 365
Küsten- und Hafenschutzboote	2 035

Im November 1961 wechselte die Grenzbrigade Küste zum Kommando der Volksmarine nach Rostock-Gehlsdorf.

Ab Juli 1962 galt für die Ostseegrenze eine verschärfte Grenzordnung: Praktisch der gesamte Küstenbereich der DDR wurde in einer Breite von 5 km kontrolliert; also von der Lübecker Bucht im Westen bis zur Insel Usedom im Osten. Für die westliche Grenze in der Lübecker Bucht galten zudem Passierscheinverordnungen. Kanus, Ruder- und Paddelboote konnten nur mit Genehmigung ausfahren. Mit anderen Schwimmkörpern (z. B. Luftmatratzen) durften sich die DDR-Bürger maximal 150 Meter von der Küste entfernen. Zugelassene Motor- und Segelboote erhielten nur bei Tageslicht Fahrerlaubnis auf der Ostsee. Küstenfischer und größere Segelboote mußten vorgeschriebene Anliegeplätze ansteuern.[32] Durch diese Grenzordnung sollte die Seegrenze unpassierbar werden, doch bestätigen auch hier Ausnahmen die Regel: Am 27. September 1963 gelang es einem Ostberliner Studenten, mit einem Traktorreifen innerhalb von zehn Stunden die dänische Insel Falster zu erreichen. Der »Tagesspiegel« in Berlin berichtete drei Tage zuvor: »Ein junges Ehepaar aus Mecklenburg [ging] mit seiner fünfjährigen Tochter nach einer dramatischen Flucht mit einem Paddelboot über die Ostsee im Ostseebad Travemünde an Land. Die Flucht wäre fast mißglückt, da ein Küstenwachboot der Zonenmarine bereits Jagd auf die Flüchtlinge machte, obwohl sie schon in internationalen Gewässern waren. Buchstäblich in letzter Minute schob sich das dänische Fährschiff ›Gedser‹, das auf seiner fahrplanmäßigen Fahrt von Travemünde nach Gedser unterwegs war, nach einem gewagten Wendemanöver zwischen das Paddelboot der Flüchtlinge und das sowjetzonale Küstenwachboot ... Von Travemünde aus wurden die Flüchtlinge nach Lübeck gebracht, wo sie um Notaufnahme baten.«[33]

Trotz intensiver »politischer Erziehungsarbeit« ließ sich nicht bei allen Grenzsoldaten ein »sozialistisches Klassenbewußtsein« entwickeln. Von August 1961 bis zum März 1968 flüchteten knapp 2 300 Uniformierte.[34]

Vom 24. Januar 1962 an galt in der DDR die allgemeine Wehrpflicht; damit mußten erstmals Jugendliche ab dem 18. Lebensjahr per Gesetz an die deutsch-deutsche Grenze.[35] Zugleich änderte sich der Fahneneid.

Seit August 1962 unterstanden die an der Grenze zu Westberlin eingesetzten Grenztruppen, die bisher zum MdI gehörten, dem MfNV. Armeegeneral Hoffmann ernannte Generalmajor H. Poppe zum ersten Stadtkommandanten der Hauptstadt der DDR. Ihm waren auch andere Einheiten und Einrichtungen der NVA unterstellt. Der Sitz des Stadtkommandanten befand sich in Berlin-Karlshorst.

Die Truppenstärke der NVA betrug im März 1963 ca. 190 000 Soldaten, davon gehörten 52 000 Mann zu den Grenztruppen.[36]

Nachdem die »Staatsgrenze« West fast in allen Abschnitten »pioniermäßig« verstärkt war, sollten die DDR-Bürger auch entlang der Grenze um Westberlin möglichst hundertprozentig abgeschottet werden. Aufgrund neuer Verordnungen vom Juni 1963 errichteten Grenzpolizisten einen 10-m-Kontrollstreifen direkt an der Grenze zwischen West- und Ostberlin sowie einen

Auch ein Teil des Domfriedhofs an der Berliner Liesenstraße muß der »Modernen Grenze« weichen, 16. August 1967

In Kleinmachnow wird wieder ein Wohnhaus abgerissen, 12. Dezember 1962.

500-m-Schutzstreifen an der Grenze von Westberlin zu Potsdam. Sie mußten deshalb weitere Häuser abreißen, Straßen aufbrechen und Bäume roden.

Die Anfang Dezember 1963 in Plauen (Vogtland) eröffnete Offiziersschule der Grenztruppen erhielt am 1. März 1964, dem Tag der NVA, den Ehrennamen Rosa Luxemburg. Zynischer konnte angesichts von Schießbefehl, Sperranlagen und Minenfeldern die Namensgebung kaum sein, denn Rosa Luxemburg hatte erklärt: »Freiheit ist immer Freiheit der Andersdenkenden«.

1964 bekamen die Grenztruppen neue Kleinkraftwagen, Funk- und Nachtsichtmittel, neueingerichtete Grenzkompanien sowie Wohnungen für Berufssoldaten.

Am 19. März 1964 verabschiedete der Ministerrat die »Verordnung zum Schutz der Staatsgrenze der DDR«. Sie enthielt alle Direktiven über das Grenzregime im Gebiet zur Bundesrepublik und zu Westberlin, an der Küste und der Staatsgrenze zur Volksrepublik Polen und zur ČSSR. Mitte der 60er Jahre gliederten sich die Grenztruppen der DDR in 13 Grenzbrigaden auf, die sich wiederum in jeweils drei Grenzregimenter splitteten. Die 6. Grenzbrigade besaß ein eigenständiges Kommando.

Zur Bewaffnung einer Grenzbrigade gehörten:
- ca. 10 Schwimmpanzerwagen vom Typ BTR-40 bzw. BTR-152,
- 250–300 leichte Maschinengewehre,
- 250–300 leichte Panzerabwehrwaffen (Panzerfäuste),
- etwa 200 Lkws und sonstiges Gerät.[37]

Im September 1964 sicherte die Volkskammer der DDR den Flüchtlingen, die vor dem 13. August 1961 das Land verlassen hatten, Straffreiheit zu.

Als Grenztruppen Mitte Oktober 1966 versuchten, die Grenze vom östlichen Ufer der Elbe in die Mitte des Stroms zu verlegen, schritten Bundesgrenzschutz und britische Militärangehörige ein. Im lange währenden Streit um den Grenzverlauf setzte sich der Westen durch.

DDR-Grenztruppen sorgten bei der Niederschlagung des Prager Frühlings im August 1968 dafür, daß an der Grenze zur ČSSR keine Provokationen stattfanden und die sowjetischen Truppen ohne Zwischenfälle in das Bruderland einmarschieren konnten. Der zu diesem Zweck gebildete »Verband Leonhardt« wurde wieder aufgelöst, als die Grenzsicherung an diesem Teil der DDR-Staatsgrenze aufgehoben wurde.

Um die Existenz von zwei deutschen Staaten zu dokumentieren, markierten die Grenztruppen 1967 die »Staatsgrenze West« neu: Sie setzten 9 079 Grenzsteine, 2 622 Grenzsäulen und 13 Grenzbojen und begannen mit dem Aufbau von Grenzsignalzäunen des Typs 55 sowie Metallgitterzäunen. 1968 wurde der Aufbau ein- und zweireihiger Zäune fortgeführt und mit dem Abriß von alten Stacheldrahtzäunen begonnen. Im Folgejahr errichteten Bautrupps die ersten Beobachtungstürme aus Beton. Diese waren mit Suchscheinwerfern ausgerüstet und ersetzten nach und nach die bisherigen Holztürme.

Ende der 60er Jahre begannen die Grenztruppen in schwer

einsehbaren Grenzabschnitten mit dem Aufbau von Hundelaufanlagen. Der Stab der 1. Grenzbrigade (Sitz: Ostberlin) mißbrauchte Diensthunde als »lebendige Zielscheibe« fürs Scharfschießen mit der Kalaschnikow. Oberst Franzisky konstatierte in einem Bericht: »Daß ... mit wenigen Schuß getroffen werden kann, beweisen die Fälle, bei denen die Schußwaffe gegen Diensthunde angewandt wurde, z. B. [am] 23. 01. 69 1./ GR-35 12 Schuß Diensthund wurde aus größerer Entfernung getötet. [Am] 30. 05. 69 4./GR-37 1 Schuß! Diensthund wurde durch Kradstreife aus ca. 170 Meter Entfernung erschossen.«[38]

Grenztruppenchef Generalleutnant Peter erteilte am 9. Oktober 1969 den Befehl zum Einsatz der Splittermine SM-70. Solche Selbstschußanlagen »krönten« den »antifaschistischen Schutzwall« bis Anfang der 80er Jahre.

In den 60er Jahren ging die Zahl der Flüchtlinge stetig zurück. Die Grenztruppen nahmen einer internen Statistik zufolge von 1963 bis 1966 14 262 »Grenzverletzer« fest, von 1967 bis 1970 waren es nur noch 7 376.[39] Das SED-Regime hatte seine Macht mit Beton, Stacheldraht, Minenfeldern und Schießbefehl gesichert.

Das Grenzregime in der Ära Honecker
(1971–1989)

> Die Behinderungen auf den Zufahrtswegen nach Berlin blieben, der Graben, der Deutschland trennte, ... blieb und wurde tiefer ... Man mußte die politischen Möglichkeiten neu durchdenken, wenn man für die Menschen etwas erreichen und den Frieden sicherer machen wollte.
> *Willy Brandt*

Die Politik der kleinen Schritte

Nach der Entmachtung Walter Ulbrichts im Frühjahr 1971 übernahm Erich Honecker den Posten des Ersten Sekretärs des ZK der SED und den Vorsitz im Nationalen Verteidigungsrat. Durch höhere Mindestrenten, Verbesserungen im Sozialversicherungswesen, mehr Jahresurlaub, weitgehend stabile Preise für Konsumgüter und Dienstleistungen sowie das Wohnungsbauprogramm verbesserte sich der Lebensstandard vieler DDR-Bürger.

Die siebziger Jahre waren durch eine allgemeine Entspannungspolitik zwischen Ost und West gekennzeichnet. Im Frühjahr 1970 trafen sich DDR-Ministerpräsident Willi Stoph und Bundeskanzler Willy Brandt in Erfurt und Kassel. Diese ersten offiziellen Gespräche von Regierungsvertretern beider deutscher Staaten bildeten die Basis für den Ende 1972 unterzeichneten Grundlagenvertrag.

Die mit der US-Administration abgestimmte neue Ostpolitik der sozialliberalen Koalition in Bonn und die Verhandlungsbereitschaft der sowjetischen Führung unter Breschnew ermöglichten weitere Abkommen, u. a. den Moskauer Vertrag. In dessen Artikel III verpflichteten sich die Bundesrepublik und die Sowjetunion, »die territoriale Integrität aller Staaten in Europa in ihren heutigen Grenzen uneingeschränkt zu achten« und »keine Gebietsansprüche gegen irgend jemand« zu erheben. Die Grenzen in Europa einschließlich der Oder-Neiße-Linie und der Grenze zwischen der Bundesrepublik und der DDR wurden als »unverletzlich« betrachtet. Der damalige Außenminister Walter Scheel erklärte jedoch im »Brief zur deutschen Einheit«, der Bestandteil des Vertrages war, die Bundesrepublik halte an dem politischen Ziel fest, daß »das deutsche Volk in freier Selbstbestimmung seine Einheit wiedererlangt«.

Der Ende 1970 von der bundesdeutschen und der polnischen Regierung unterzeichnete Warschauer Vertrag bestätigte die Oder-Neiße-Linie als westliche Staatsgrenze Polens und dokumentierte den Willen zur Normalisierung der gegenseitigen Beziehungen.

Das im September 1971 geschlossene Viermächteabkommen schrieb die Verantwortlichkeiten und Rechte der ehemaligen Alliierten und den Status von Westberlin fest. Die DDR hatte ihr alleiniges »Verfügungsrecht über den Verkehr« von und nach Westberlin häufig zu Störaktionen benutzt, so 1969 aus Protest gegen die Wahl des Bundespräsidenten in Westberlin. Nun verpflichtete sich die Sowjetunion, dafür zu sorgen, daß der »Transitverkehr von zivilen Personen und Gütern zwischen den Westsektoren Berlins und der Bundesrepublik auf Straßen, Schienen- und Wasserwegen« durch das Territorium der DDR erleichtert wird.

Durch das Viermächteabkommen, den Grundlagenvertrag sowie die Vereinbarungen zwischen dem Senat von Westberlin und der DDR über Reise- und Besucherverkehr und Gebietsaustausch konnten Konfliktfelder entschärft und die Kontakte zwischen Ost- und Westdeutschen vertieft werden. Im Oktober 1972 ratifizierte der Bundestag den »Verkehrsvertrag«, den ersten Vertrag, den beide deutsche Staaten nicht im Kontext alliierter Vereinbarungen schlossen, sondern »aus eigenem Recht«.

Der wiederaufgenommene Telefonverkehr zwischen Ost- und Westberlin, besserer innerdeutscher Postverkehr und vor allem neue Visabestimmungen ermöglichten eine intensivere Kommunikation. Westdeutsche und Westberliner konnten Verwandte und Bekannte in der DDR im Kalenderjahr mehrmals besuchen (insgesamt bis zu 30 Tagen) und Reisen aus kommerziellen, sportlichen, kulturellen und religiösen Gründen sowie Touristenreisen unternehmen. 1975 besuchten 3,5 Millionen Westdeutsche und Westberliner die DDR, das waren dreimal soviel wie 1969.

Einwohner grenznaher Gebiete der Bundesrepublik erhielten die Genehmigung zu Tagesbesuchen in 54 grenznahen Kreisen der DDR (30 pro Kalenderjahr, ab 1984 waren auch Aufenthalte für zwei Tage erlaubt). Schon bald nutzten Hunderttausende die Möglichkeit, mit dem eigenen Pkw ins Umland der Grenze zu fahren. Deshalb richteten beide deutsche Staaten vier zusätzliche Straßenübergänge ein. Die DDR mußte auch die Transitstrecken ausbauen und mehrere Grenzkontrollpunkte erweitern.

Der tägliche Mindestumtauschsatz für Besucher aus »nichtsozialistischen Staaten und Westberlin« verdoppelte sich im November 1973 (20 DM pro Tag bei Aufenthalten in der DDR; 10 DM beim Besuch in Ostberlin), wurde im Dezember 1974 gesenkt auf 13 DM bzw. 6,50 DM, im Oktober 1980 jedoch auf 25 DM angehoben; Jugendliche unter 15 Jahren mußten 7,50 DM zahlen, Kinder bis zu sechs Jahren nichts. 1984 reduzierten die DDR-Behörden den Tagessatz für Rentner auf 15 DM, Kinder und Jugendliche bis zum 14. Lebensjahr wurden befreit. Die Bundesregierung zahlte für Visa- und Straßenbenutzungsgebühren Pauschalen in Millionenhöhe.

DDR-Rentner konnten seit 1964 zu Verwandten in den Westen reisen (seit 1972 für insgesamt 30 Tage pro Jahr, nach 1984 60 Tage und auch zu Bekannten). DDR-Bürger, die das Rentenalter noch nicht erreicht hatten, durften seit 1972 bei »dringenden Familienangelegenheiten« Aufenthalte von mehreren Tagen in der Bundesrepublik und Westberlin beantragen. Dazu gehörten Geburten, Taufen, Konfirmationen, Kommunionen, Jugendweihen, Eheschließungen, der 60., 65., 70., 75. und jeder weitere Geburtstag, lebensbedrohliche Erkrankungen und Todesfälle. Solche Anträge konnten Verwandte ersten und zweiten Grades stellen.

Nach Unterzeichnung des Grundlagenvertrages nahmen mehr als 30 Staaten (darunter alle führenden westeuropäischen Industrieländer, die USA und Japan) diplomatische Beziehungen zur DDR auf. 1973 wurden beide deutsche Staaten Mitglied der UNO. Auf dem Gipfeltreffen in Helsinki 1975 unterzeichneten sie die Schlußakte der Konferenz über Sicherheit und Zusammenarbeit in Europa (KSZE).

Die Politik der kleinen Schritte bot in jener Zeit des atomaren Wettrüstens Chancen, die friedliche Koexistenz zu sichern. Die SED-Führung ging einerseits auf die Annäherungsstrategie der Bundesregierung ein, andererseits war sie um Abgrenzung bemüht und wollte die Eigenständigkeit und Souveränität der DDR demonstrieren. Künstler und Kulturschaffende waren aufgefordert, die These von der einheitlichen deutschen Kulturnation zu widerlegen und eine sozialistische Nationalkultur zu entwickeln. Die dritte Strophe der Nationalhymne wurde nicht mehr gesungen. Nach der Verabschiedung des »Gesetzes zur Ergänzung und Änderung der Verfassung der DDR« Ende September 1974 wurden darin alle Bezüge auf die deutsche Nation getilgt. Zwei Wochen zuvor hatte die DDR-Staatsbank neue Banknoten ausgegeben, die offizielle Bezeichnung der Währung lautete nun »Mark der DDR« (anstatt »Mark der deutschen Notenbank«). Seit Januar 1974 mußten DDR-Bürger ihre Kraftfahrzeuge mit »DDR« kennzeichnen (anstatt mit D).

Mit der Ausbürgerung Wolf Biermanns 1976 beschwor die SED-Führung eine heftige innenpolitische Krise herauf, die die Kluft zwischen ihr und großen Teilen der Intelligenz vertiefte. Zahlreiche Künstler stellten in den folgenden Monaten Ausreiseanträge.

In den 80er Jahren geriet die DDR zunehmend in Turbulenzen. Die Schulden gegenüber dem Westen betrugen 1981 23 Milliarden DM. Westliche Milliardenkredite verzögerten den Niedergang. Nach dem Machtantritt Gorbatschows in der Sowjetunion im Jahre 1985 sah sich die SED-Führung in die Enge getrieben. Mißtrauisch verfolgte das vergreisende Politbüro die Reformversuche und die Öffnung des »großen Bruders« zum Westen. Die Parole »Von der Sowjetunion lernen heißt siegen lernen!« wurde ausgetauscht gegen den Slogan

»Sozialismus in den Farben der DDR«. 1986 verabschiedete der XI. Parteitag der SED einen neuen Fünfjahrplan, der u. a. den Ausbau der Schlüsseltechnologien, vor allem der Mikroelektronik, vorsah. Aber es fehlte sowohl an Konzepten als auch an Geld und materiellen Ressourcen, um die Gesellschaft zu reformieren und Wirtschaft und Infrastruktur zu sanieren. Die Arbeitsproduktivität war weit niedriger als in westlichen Industrieländern.[1] Die Versorgung mit Konsumgütern stagnierte, auf einen neuen Pkw mußte man zehn Jahre und länger warten. Der materielle Lebensstandard war zwar höher als in anderen RGW-Staaten, hinter dem der Bundesrepublik lag er jedoch weiter denn je zurück.

Auf die wachsende Unzufriedenheit der Bürger über Mißstände und fehlende demokratische Rechte reagierte die Partei mit dem weiteren Ausbau des Überwachungs- und Kontrollapparates. Die Zahl der Mfs-Mitarbeiter wuchs von 55 718 im Jahr 1974 bis Ende der achtziger Jahre auf 91 000 an.

Im Mai 1989 begann Ungarn an der Grenze zu Österreich mit dem Abbau der Sperranlagen. Bis Oktober kamen mehr als 24 000 DDR-Bürger über Ungarn in den Westen.

Am 7. Oktober, dem 40. Jahrestag der DDR, gingen Volkspolizei und Staatssicherheit brutal gegen Demonstranten vor. Massenkundgebungen, Aktionen oppositioneller Organisationen, der evangelischen Kirche und viele spontane Initiativen der Bevölkerung erzwangen Demokratisierungsprozesse. Honecker mußte im Oktober von seinen Ämtern zurücktreten, die DDR-Regierung und das SED-Politbüro gaben ihren Rücktritt am 7. bzw. 8. November bekannt. Mit der Öffnung der innerdeutschen Grenzen am 9. November wurde das Ende der DDR besiegelt.

Die Reform der Grenztruppen von 1971

Im Frühjahr 1971 wurden die Grenzbrigaden aufgelöst (Ausnahme: Grenzbrigade Küste) und das Kommando der Grenztruppen neu formiert:

- Das Grenzkommando Nord kontrollierte das Grenzgebiet von der Lübecker Bucht bis zum Harz;
- das Grenzkommando Süd überwachte das Grenzgebiet südlich des Harzes bis zum Dreiländereck DDR, Bundesrepublik und ČSSR;
- das Grenzkommando Mitte gewährleistete die Kontrolle der Staatsgrenze zu Berlin (West). Ihm unterstanden auch die bisher dem Stadtkommandanten in Berlin unterstellten Truppen.

An der innerdeutschen Grenze waren 30 000 Soldaten stationiert und um Berlin 8 000. Die Staatsgrenze zur ČSSR und zur VR Polen bewachten ca. 1 000 Grenzsoldaten. Die Personalstärke der Grenztruppen (einschließlich der Ausbildungsregimenter) lag bis 1989 stets bei ca. 50 000.

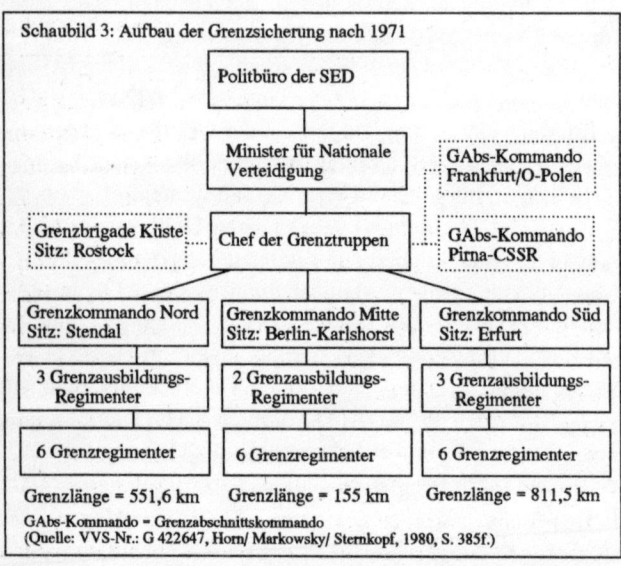

Schaubild 3: Aufbau der Grenzsicherung nach 1971
GAbs-Kommando = Grenzabschnittskommando
(Quelle: VVS-Nr.: G 422647, Horn/ Markowsky/ Sternkopf, 1980, S. 385f.)

Die Kompanien des 1. und 2. Bataillons wurden unmittelbar an der innerdeutschen Grenze eingesetzt. Die vier Kompanien des 3. Bataillons waren für die Sicherung und Kontrolle des Hinterlandes zuständig, oft kontrollierten sie Zugänge zum 500-m-Schutzstreifen. Sie konnten insbesondere bei Grenzalarm (Verdacht auf Fluchtversuch) zur verstärkten Grenzsicherung herangezogen werden.

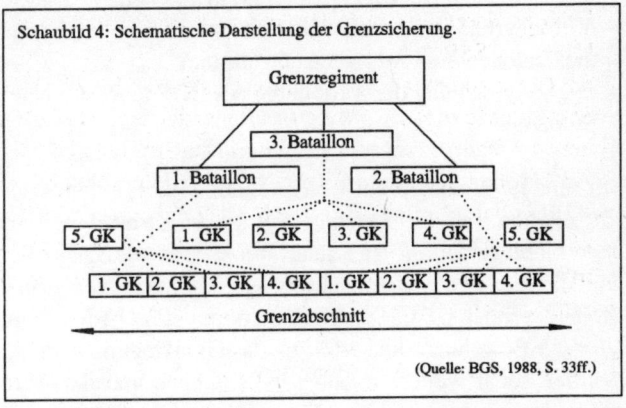

Schaubild 4: Schematische Darstellung der Grenzsicherung.

(Quelle: BGS, 1988, S. 33ff.)

Anfang der 70er Jahre gingen die Grenztruppen von der Kompaniesicherung zur Bataillonssicherung über. Dabei setzte man die vier Grenzkompanien eines Bataillons nacheinander linear zur Grenze auf einem Abschnitt von 45 bis 70 km ein. Die Zusammenstellung der Postenpaare und der ihnen zugeteilte Abschnitt wechselten ständig. Bei der bisher praktizierten Kompaniesicherung hatte ein Zug (ca. 20–25 Soldaten) im Schichtwechsel einen Grenzabschnitt von 12 bis 20 km gesichert, den die Soldaten bald genau kannten. Die zentral gelenkte und militärisch organisierte Bataillonssicherung wurde nach einigen Jahren modifiziert, da sich die Zahl der Grenzdurchbrüche und die Belastung der Soldaten erhöhte. Schließlich setzte sich Ende der 80er Jahre eine reformierte Kompaniesicherung durch.

Den Grenzkompanien waren teilweise Grenzaufklärer (GAK) zugeordnet. Diese rekrutierten sich aus Berufsunteroffizieren bzw. Fähnrichen und erhielten eine Ausbildung an der Grenztruppenschule Suhl. Im Hinterland agierten die Grenzaufklärer als Einzelposten. Im Schutzstreifen wurden sie meist als Postenpaar eingesetzt. Sie sollten für die »Sicherstellung der Grenzsicherung« notwendige Erkundungen durchführen. Zu ihren Aufgaben gehörten:

- das Überwachen eines bestimmten Grenzabschnittes, um Anzeichen von Grenzdurchbrüchen zu erkennen und zu melden,
- das Aufdecken von Unterschlupfmöglichkeiten,
- die Sicherung von Arbeiten im Schutzstreifen,
- die Personen- und Fahrzeugkontrolle und
- die Überwachung der Aktivitäten des BGS bzw. von Nato-Soldaten.[2]

Im Juni 1971 wurden auf Beschluß des SED-Politbüros 180 Ortschaften und 139 Ortsteile mit 164 955 Bewohnern aus dem Grenzgebiet an der »Staatsgrenze West« ausgegliedert und die Zahl der Industriebetriebe um 50 Prozent verringert.[3] In den verbliebenen 318 Ortschaften und 203 Ortsteilen mit 205 753 Bewohnern lockerte sich das Grenzregime nicht. Es wurden sogar weitere Zwangsaussiedlungen und der Abriß einzeln stehender Gehöfte in Grenznähe angeordnet.[4] Auf der 45. Sitzung des NVR am 3. Mai 1974 betonte Erich Honecker, »daß Grenzdurchbrüche überhaupt nicht zugelassen werden« sollten und man »in Berlin ... die alte Mauer stehen lassen sollte und dort wo notwendig dahinter eine neue bauen [müßte] ... Erst wenn der Neubau fertig ist, sollte man die alte Mauer abreißen ... Überall muß ein einwandfreies Schußfeld gewährleistet sein.«[5]

Nach der Ausgliederung aus dem Bestand der NVA im Jahr 1973 erhielten Grenztruppen die Bezeichnung »Grenztruppen der DDR«. Sie blieben dem Ministerium für Nationale Verteidigung unterstellt, und die Rekrutierung der Soldaten im Grundwehrdienst erfolgte weiterhin über die Wehrkreiskommandos der NVA. Die Umgliederung war notwendig geworden, weil die Regierung im Rahmen der Abrüstungsverhandlungen in Wien ihre Truppen »reduzieren« mußte.

Mitte der 70er Jahre hatte sich die deutsch-deutsche Grenze zum schrecklichsten Monument der Ostblock-Diktaturen entwickelt, wie die amerikanische Wochenzeitung »Time« zu Recht konstatierte: »By far the most visible and redoubtable monument to the cold war remains the 840-mile barricade of barbed

Berlin, Bernauer Straße: Die im Niemandsland stehende Versöhnungskirche wird 1985 gesprengt.

wire, minefields, watchtowers and armed police that has constituted the frontier between divided Germany for two decades... The East-Germans have now equipped sections of the barrier with automatic self-firing weapons, mounted on three levels so that anyone seeking to jump the fence will trigger a shower of bullets.«[6]

Über die Sperranlagen gibt folgende Aufstellung Auskunft, die eine Arbeitsgruppe im Auftrag des ZK anfertigte:

Luftaufnahme der Sektorengrenze an der Havel in Berlin

»Von den 1 381 km Staatsgrenze zur BRD sind mit Stand vom 20. 4. 1977 ausgebaut:
- 870 km mit Grenzzaun I, an 271 km des Grenzzaunes I die Sperranlage 501 mit der Splittermine 70 (SM-70) montiert,
- 271 km mit Erdminensperren vom Typ 66,
- 731 km mit Grenzsignalzaun,
- 1 206 km mit Kolonnenwegen,
- 602 km mit Kfz-Sperrgraben,
- 434 Beobachtungstürme und Führungsstellen,
- 2 640 Hunde sind im Einsatz.«[7]

Anfang der 80er Jahre gab es an der innerdeutschen Grenze ca. 60 000 SM-70-Apparate. Selbstschußanlagen stellten neben den Erdminen und dem Schießbefehl das abscheulichste Mordinstrument an der Grenze dar: Eine 110 g schwere TNT-Ladung, die mit 80 Stahlsplittern bestückt war, sorgte für »hervorragende Trefferergebnisse«, wie Tests der Grenztruppen bestätigen: Auf einer Zielfläche von 1 m x 1 m Fichtenholz, das 25 mm in der Dicke maß, gab es ingesamt 26 Einschläge, darunter befanden sich 6 Durchschläger. Als optimale Schußentfernung wurden 10 m angegeben, die absolute Flugweite bemaß jedoch 120 m. Die seitliche Streuung betrug 15 m.

Zwischen 1972 und 1976 starben nachweislich 4 Personen durch die SM-70-Apparate.[8] Allerdings kam es auch durch Wild, Witterungseinflüsse und technische Mängel zu Detonationen. Die massiven Grenzanlagen wurden Jahr für Jahr ausgebaut:

Grenzanlagenneubau von 1977–1979 (Auszug)

	1977	1978	1979	Gesamt
Grenzzaun	85 km	90 km	75 km	250 km
Grenzmauer	14 km	5 km	0,5 km	19,5 km
Kolonnenweg	89 km	80 km	90 km	259 km
Grenzsignalzaun	80 km	100 km	90 km	270 km
Kfz-Sperrgraben	20 km	30 km	30 km	80 km
Grenzmauer 75	5 km	5 km	5 km	15 km[9]
Führungsstellen	25	20	22	67
Beobachtungstürme	20	45	50	115

Die immer »perfektere« Grenzsicherung veranlaßte die Menschen zu gefährlicheren Fluchtmethoden. In den ersten neun Monaten des Jahres 1981 versuchten 19 Personen mit Heißluft- bzw. Wasserstoffballons zu flüchten, 11 Personen benutzten selbstgebaute Flugzeuge bzw. einen Hubschrauber, eine ein selbstgebautes Tauchboot. Das MfS führte den erheblichen Anstieg von »spektakulären Grenzdurchbrüchen« auf deren Glorifizierung in westlichen Massenmedien zurück.[10]

Wie der ehemalige Oberbürgermeister von Berlin (West) Heinrich Albertz konnten sich Millionen von Bundesbürgern nicht mit der Mauer abfinden: »Jedesmal, wenn die Züge ... in die große Kurve hinter dem Lehrter Stadtbahnhof einbiegen, den Reichstag und die zerfallene Kongreßhalle zum Fernsehturm (Ost) schon vor Augen, und die Sperrgitter auftauchen und die Wachtürme, der ganze absurde ›Schutzwall‹ der DDR gegen Flucht ... frage ich mich, soll das dauern für Kinder und Kindeskinder? ... Ich gewöhne mich nicht. Es schmerzt, es wird bis zum Tode schmerzen, wenn ich über die Grenze fahre und die ›Organe‹ des andern Staates den Zug betreten, ... mit lauten Stiefeln, in ihren gutsitzenden Uniformen ohne ein Stäubchen auf dem feldgrauen Tuch: ›Die Pässe bitte.‹«[11]

Die Paßkontroll-Einheiten (PKE)
Stasi in Grenzeruniform

Schulterstücke, Kragenspiegel und Uniformaufschrift weisen die Paßkontrolleure als Angehörige der Grenztruppen aus, doch seit Anfang der 60er Jahre wurden sie vom MfS (Hauptabteilung IV) geführt, um sie intensiver in den Überwachungs- und Kontrollapparat einbinden zu können.

Die Angehörigen der Paßkontroll-Einheiten (PKE) genossen diverse Privilegien: Sie wurden besser bezahlt als die normalen Grenztruppen (ein Major der PKE verdiente ca. 2 000 Mark – soviel wie ein Oberst bei den Grenztruppen), hatten komfortablere Urlaubs- und Erholungsobjekte und konnten mit einer schnelleren Beförderung rechnen. An der Grenzübergangsstelle Checkpoint Charlie arbeiteten Anfang der 70er Jahr ca. 30 PKE-Uniformierte. Bis 1989 sollte ihre Zahl auf über 100 ansteigen. In den 80er Jahren waren mehr als 12 000 Angehörige der PKE an den Grenzübergangsstellen im Einsatz.[12]

Sie benutzten an allen Straßenübergangsstellen vielfältiges technisches Know-how: Videoüberwachung, Spiegelungsinstrumente zur Kontrolle von Pkw und strahlungsintensive Röntgengeräte. Die Röntgengeräte wurden mit Cäsium-137-Quellen betrieben, einem chemischen Grundstoff, der zu gesundheitlichen Schäden führen kann. Die Autos wurden an den Kontrollpunkten durchstrahlt. Flüchtlinge, die sich in Kraftfahrzeugen »versteckten«, hatten keine Chace, denn sie waren auf einem Monitor als dunkle Schatten zu erkennen.[13] Transitreisende wurden in der Regel zügig abgefertigt, während sich Bürger, die in die DDR einreisen wollten oder ausreisen, umständlichen, zum Teil schikanösen Kontrollen unterwerfen mußten.

Die Protokolle von Verstößen gegen die Grenzbestimmungen der DDR befinden sich heute zum Teil in der Gauck-Behörde.

»Humanisierung« der Grenze

Die Sperranlagen SM-70 sollten Ende der 70er Jahre modernisiert werden, um ihre »Funktions- und Zugriffssicherheit« zu erhöhen.[14] Diese Pläne wurden fallengelassen, denn die Selbstschußanlagen setzten das Ansehen der DDR stark herab. Nicht nur Flüchtlinge oder Provokateure, sondern auch Grenzsoldaten – ca. 100 – wurden dadurch verletzt bzw. getötet. Jedes Minenopfer löste in der Bundesrepublik und in zahlreichen anderen Staaten öffentliche Proteste aus und war auch für die Führungskräfte der Grenztruppen eine Katastrophe, wie der ehemalige Grenztruppen-Oberst Frank Dietz erklärte: »Es konnte keinem Kommandeur etwas Schlimmeres passieren, als daß jemand auf eine Mine getreten und verletzt in die BRD entkommen wäre ... Zum Schluß haben wir folgendes gemacht: Wir haben nicht mehr die Grenze gesichert, sondern die eigenen Minen, damit auch ja niemand in die Minenfelder lief.«[15]

Um »politischen Schaden von der DDR abzuwenden«, schlug der Minister für Verteidigung dem NVR am 1. Juni 1983 vor, die »gegenwärtig 650 km minengesperrten Abschnitte« (davon 200 km Erdminensperren und 450 km Sperranlagen mit Splitterminen) auf »320 km zu reduzieren«. Im Befehl 101/84 vom 27. September 1984 wurde angeordnet, die Anstrengungen beim »pionier- und signaltechnischen Ausbau der Staatsgrenze« auf den Abbau und die »Räumung der Minensperren« zu konzentrieren. Diese Aktion war für die Grenztruppen eine enorme Herausforderung. Laut Angaben von Oberst Worbs (Chef Pionierwesen der GT) wurden von 1961 bis 1979 folgende Minensperren angelegt:

» – ca. 150 km Minensperren vom Typ 61 mit Minen POMS (1961)
 – ca. 800 km Minensperren vom Typ 62 mit Minen PMD-6 (1962–65)
 – ca. 300 km Minensperren vom Typ 66 mit Minen PMN, PMP-71, PPM-2 (ab 1966)
 sowie
 – ca. 400 km Minensperren SM-70 mit Splitterminen 70 (ab 1970).«[16]

Von den Minentypen 61, 62 und 66 hatte man bei der Erstverlegung insgesamt 1 125 000 Stück angebracht.

Mit dem Abbau der Minensperren mußten die vorhandenen Grenzzäune »umgerüstet« werden. Die 3 m hohen Grenzsignal-

Die Sperranlagen der DDR

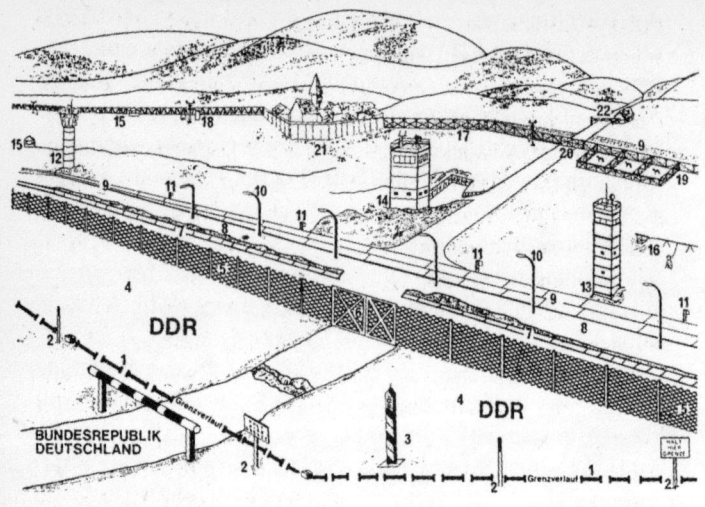

1. Grenzverlauf mit Grenzsteinen
2. Grenzhinweisschild bzw. -pfahl
3. DDR-Grenzsäule (ca. 1,8 m hoch, schwarz-rot-gold mit DDR-Emblem)
4. Abgeholzter und geräumter Geländestreifen
5. Einreihiger Metallgitterzaun (ca. 3,2 m hoch)
6. Durchlaß im Metallgitterzaun
7. Kfz-Sperrgraben (mit Betonplatten befestigt)
8. ca. 6 m bzw. 2 m breiter Kontrollstreifen (Spurensicherungsstreifen)
9. Kolonnenweg mit Fahrspurplatten (Lochbeton)
10. Lichtsperre
11. Anschlußsäule für das erdverkabelte Grenzmeldenetz
12. Beton-Beobachtungsturm (BT 11)
13. Beton-Beobachtungsturm (2 x 2 m)
14. Beton-Beobachtungsturm (4 x 4 m zum Teil noch mit Führungsstelle)
15. Beobachtungsbunker
16. Hundelaufanlage
17. Modifizierter Schutzstreifenzaun mit elektronischen und akustischen Signalanlagen
18. Stromverteilungs- und Schalteinrichtungen am modifizierten Schutzstreifenzaun
19. Hundefreilaufanlage
20. Durchlaßtor im Schutzstreifenzaun mit Signaldrähten
21. Betonsperrmauer/Sichtblende
22. Kontrollpassierpunkt zur Sperrzone

Quelle: Bundesministerium des Innern, Bonn 1989

zäune aus Maschendraht waren mit Stacheldraht und Signaldrähten bestückt, auf der Spitze waren Y-förmige Stacheldrahtträger befestigt. Im Gegensatz zu den Vorgängertypen löste der GSZ-80 keine akustischen oder optischen Signale aus, sondern der Grenzdurchbruch wurde auf Geräten in den Führungsstellen angezeigt. Ausrückende Alarmgruppen konnten den Flüchtling daraufhin vor Ort stellen. Unterhalb des Zaunes befanden sich 60 cm tief eingelassene Betonwabenplatten, die das Untergraben des Zaunes verhinderten. Niedrigwild konnte durch Schlupflöcher kriechen.

Im »Maßnahmeplan zur Durchführung von baulichen Veränderungen für die Erhöhung von Sicherheit, Ordnung und Sauberkeit an der Staatsgrenze zu Berlin-West« waren ebenfalls Schritte zur »Humanisierung« der Anlagen vorgesehen. Ein besonders kostenaufwendiges und absurdes Projekt war die Neugestaltung im Abschnitt des Brandenburger Tores: Grenztruppenchef Baumgarten und Oberbürgermeister Kraack planten 1984 u. a. den Anbau von Grünpflanzen zur Verdeckung der Scheinwerfer am Brandenburger Tor, die Errichtung von Lichtschrankenanlagen und den Aufbau einer optisch reizvollen Ziermauer, 2,30 m hoch, die vom VEB Stuck- und Naturstein Berlin angefertigt werden sollte. Den zahlreichen Touristen am Brandenburger Tor wollte man damit suggerieren, sie seien in einer Gartenausstellung mit architektonischen Stütz- und Rankelementen.

Um »Möglichkeiten des Gegners zur Hetze gegen die DDR einzuschränken«, wurde im Diensteid der Grenzsoldaten, der sogenannten Vergatterungsformel, ab 1984 der Begriff »vernichten« gestrichen.

In den 80er Jahren setzte man verstärkt Hunde zur Grenzüberwachung ein, 1989 waren es ca. 3 000. Zum einen dienten die Tiere als Spür- und Fährtenhunde, zum anderen sperrte man sie in Hundelaufanlagen. Die Anlagen befanden sich meist hinter dem ersten Grenzsignalzaun in schwer einsehbaren Grenzabschnitten bzw. in für Grenzsoldaten schwer zugänglichem Gelände. Die Hunde wurden dort häufig an ein Laufseil aus Stahl gekettet, das ihnen zwischen 50 bis 100 m Bewegungs-

Hundelaufanlage

spielraum gewährte. 1988 gab es an der innerdeutschen Grenze 168 km Hundelaufanlagen, laut Plan des NVR sollten sie um 62 km erweitert werden.[17] In den Grenzregimentern gab es sogenannte Hundestaffeln, die für die Versorgung der Tiere zuständig waren.

Hundebeschaffer, die gute Kontakte zu Züchtern besaßen, kauften die Tiere, meist Schäferhunde, für die Grenztruppen auf. Dort wurden sie abgerichtet. Jeder Hund erhielt eine Stammrollennummer und eine »Wesensziffer«, die seine Eigenschaften klassifizierte. Die Wesensziffer II/344 stand für »geringe Schärfe, Sensibilität, Unbefangenheit und ausreichende Härte«[18].

Härte mußten die Trassenhunde besitzen. Nur einmal täglich fuhr die Hundestaffel mit einem Lkw die Laufanlagen ab und füllte die Wasser- und Futterbottiche. Die Tiere litten häufig unter Flüssigkeitsmangel, zumal oft »Pottschlepper« den Napf umkippten: »... erst während eines Sommerregens stellte sich ... das eigentliche Ausmaß ihres Durstes dar. Sie leckten an Steinen und Stöcken, an ihren Pfoten, an allem, was immer auch einen Moment die Nässe hielt. Sie verrenkten sich für die Tropfen auf ihrem Rücken und versuchten, das Rinnsal entlang ihrer Leine aufzufangen. Ihre Zunge scheuerte das Hüttendach.«[19]

Im Winter mußten die Hunde oft noch schlimmere Qualen hinnehmen. Bei Schneestürmen blieben die Versorgungsfahrzeuge der Hundestaffel im Harz oder im Frankenwald oft stekken, so daß die Tiere sich selbst überlassen blieben und nicht wenige verendeten. Auch auf zugefrorenen Grenzgewässern, z. B. dem Lankower See im Grenzkommando Nord, installierten Grenzsoldaten Hundelaufanlagen. Nach Einsetzen des Tauwetters starben die Vierbeiner den »Heldentod« für die DDR: »Auf dem See breitete sich ein Nässefilm aus, und längs der Trasse bildeten sich morastige Furchen ... Das sonst eher kopflose ... [und] betäubende Rotieren [der Hunde] war jetzt ein hellwaches, von Furcht getriebenes Auf- und-Ab-Gehen ... Nach dem mittleren Trassenstück brachen die angrenzenden Nachbarschaften ein, dann, diese Symmetrie weiter befolgend, die jeweils nächsten ... Ein einziger [Hund] überlebte.«[20]

Dieses Vorkommnis war kein »Unfall«. Der Bataillonskommandeur hatte befohlen, die Tiere nach zwei Wochen Tauwetter weiterhin auf dem Eis zu belassen, denn solange sie nicht einbrachen, konnte möglicherweise ein Mensch über den zugefrorenen See fliehen.

Auch die Fährten- und Spürhunde mußten leiden. Häufig wurden die Tiere während ihrer »Dienstzeit« von Grenzbataillon zu Grenzbataillon verfrachtet, je nachdem, wie es der Plan vorsah. Nicht selten wurde ein Hund sechs und mehr Hundeführern zugeteilt.

Normalerweise besaß der Hundeführer mindestens den Dienstgrad eines Unteroffiziers. Da das Hundeführer-Personal nicht ausreichte, mußten sogar Soldaten im Grundwehrdienst diese Planstellen ausfüllen. Im Grenzausbildungsregiment Eisenach erhielt in den 80er Jahren eine ganze Kompanie mit Soldaten im Grundwehrdienst (ca. 120 Mann) im Anschluß an die obligatorische Grundausbildung eine mehrwöchige Spezialausbildung als Hundeführer. Doch von »Ausbildung« konnte keine Rede sein, denn die meisten Hunde waren alt und abgedient. Nicht selten boten die Tiere ein Bild des Grauens.

Der Abbau der DDR-Grenzsicherung 1989/90

1985 wurden gegen 1116 Personen Ermittlungsverfahren wegen »illegalen Verlassens der DDR« vom MfS eingeleitet, vier Jahre später, 1988, gegen 2507 Personen. Unter den Festgenommenen befanden sich 483 Personen, die einen Ausreiseantrag gestellt hatten.[21]

An der deutsch-deutschen Grenze ging der Überwachungsterror wie gewohnt weiter. Die eiskalte Routine überwog. Im Februar 1989 wurde der 19jährige Chris Gueffroy an der Berliner Mauer erschossen. Er war vermutlich das letzte Opfer des Schießbefehls.

Die sich überstürzenden Ereignisse im Herbst 1989 fanden mit der Aufhebung der totalen Grenzsicherung an der deutsch-deutschen Grenze einen absoluten Höhepunkt: Als Günther Schabowski, Mitglied des SED-Politbüros, am 9. November 1989 in einer Pressekonferenz mitteilte, die innerdeutsche Grenze sei mit sofortiger Wirkung für DDR-Bürger geöffnet, war er sich der Lawinenwirkung dieser Äußerung wohl nicht bewußt.

Zehntausende DDR-Bürger strömten zu den Grenzübergangsstellen; die dortigen PKE-Kräfte, Volkspolizisten und Grenzsoldaten sahen ratlos und verunsichert zu. Sollten sie die Schlagbäume öffnen? Auf diese Situation waren sie nicht vorbereitet, der Schießbefehl galt nach wie vor. Die Führungsoffiziere in den einzelnen Grenzabschnitten kannten die angespannte Lage im Lande, doch wie sollten sie nun reagieren? Wie die Menschenmassen zurückhalten? Warnschüsse abfeuern? In Berlin öffneten gegen 23 Uhr die Sicherungskräfte an der Bornholmer Straße und den anderen Übergängen die Schlagbäume. Daß während dieser Nacht kein einziger Schuß fiel, bleibt wohl ein Wunder, ist sicher auch ein Verdienst jedes einzelnen Uniformierten, der dort im Einsatz war.[22]

Friedlich, nur weniger spektakulär als in Berlin, vollzog sich die Öffnung der »grünen Grenze«, z. B. in Sonneberg: In dieser Region hatte Oberst B. Rodenwald das Kommando. Er mußte aus eigener Verantwortung heraus spontane Entscheidungen

Dieses Mädchen wird ohne Mauer aufwachsen, Juni 1990

treffen, denn die bisherigen Befehlsstrukturen für die Grenzsicherung funktionierten nicht mehr. Das Politbüro war zurückgetreten, der Nationale Verteidigungsrat erwies sich als handlungsunfähig, ebenso das Führungskommando der Grenztruppen in Pätz (bei Berlin). Rodenwald erinnerte sich: Als es tatsächlich viel zu entscheiden gab, »da war plötzlich keiner mehr da. Es war doch eine Zeit, in der man hätte fragen können, wie verhalten sich denn nun die Grenztruppen? Die Entscheidung wurde uns überlassen, die Vorgesetzten waren weg. Von denen hat sich keiner mehr hören und sehen lassen.«[23]

Die »Kapitäne« gingen also nicht als letzte, sondern als erste von Bord. Dies war wohl ein Glück und auch ein Grund für den friedlichen Verlauf der Tage im November 89.

Im Dezember beschloß der Ministerrat die Auflösung der Grenzkommandos Nord, Mitte und Süd; statt dessen wurden Grenzbezirks- und Kreiskommandos eingerichtet. Die Grenztruppen wurden aus dem Ministerium für Nationale Verteidigung herausgelöst und dem Ministerium des Innern unterstellt.

Am 21. Dezember 1989 hob der Minister für Nationale Verteidigung Admiral Theodor Hoffmann (Nachfolger Keßlers) den Schießbefehl an der innerdeutschen Grenze offiziell auf: »Die Anwendung der Schußwaffe, mit Ausnahme zur Abwehr von Angriffen auf das Leben der Angehörigen der Grenztruppen oder anderer Bürger der DDR, ist zulässig auszuschließen.«[24]

Im April 1990 wurde ein Grenzschutz der DDR gebildet.

Am 20. Juli 1990 wurden die letzten DDR-Grenzsoldaten vereidigt. Deren Dienstzeit als »Grenzer« währte nur kurz, denn am 21. September 1990 erließ der Minister für Abrüstung und Verteidigung Rainer Eppelmann den Befehl Nr. 49/90 zur Auflösung der Grenztruppen der DDR.

Was kostete die Grenzsicherung?

In einem Interview für die FDJ-Zeitung »Junge Welt« beklagte Erich Honecker 1989, die Abwerbungen von ostdeutschen Werktätigen seitens der BRD hätten den DDR-Staat bis zum 13. August 1961 16 Milliarden Mark gekostet.[25] Über die Kosten für Aufbau und Erhaltung des Grenzregimes schwieg er sich aus.

Der Landrat Werner Barm hatte einen detaillierten Einblick in die finanziellen Belange der Grenzsicherung im Grenzkreis Osterburg. Die Kosten für 1 km Grenzanlagen beliefen sich nach seinen Aussagen in der zweiten Hälfte der 60er Jahre auf

Betonmauer, Beobachtungsturm, Stacheldrahtschneisen, Bunker mit Schießscharten, geharkte Spurenstreifen und Flutlichtanlagen an der Sektorengrenze in Berlin

ca. 1 Million Mark. Hochgerechnet auf die gesamte deutsch-deutsche Grenze, ergibt das einen Preis von ca. 1,54 Milliarden Mark der DDR.[26]

Bis 1989 hatten sich die Kosten wesentlich erhöht, wie nachstehende Einzelposten belegen:

1 203 km Grenzsignal- und Sperrzaun, Preis pro Kilometer 170 000 Mark, Gesamtpreis 204,5 Millionen Mark;

1 463 km Kolonnenweg, Preis pro Kilometer 127 000 Mark, Gesamtpreis 185,8 Millionen Mark;

550 km Kfz-Sperrgräben, Preis pro Kilometer 50 000 Mark; Gesamtpreis 27,5 Millionen Mark;

106 km Mauer aus Stahlbeton, Preis pro Kilometer ca. 300 000 Mark; Gesamtpreis 31,8 Millionen Mark;

880 Beobachtungstürme, ein B-Turm kostete 16 000 Mark, Gesamtpreis 14,1 Millionen Mark.

Zu dieser Summe von 463,7 Millionen Mark kommen die Kosten für Liegenschaften, Bekleidung und Ausrüstung in Höhe von 910 Millionen Mark. Die Gesamtausgaben betragen 1,373 Milliarden Mark.

Weitere Sperranlagen kosteten pro Kilometer bzw. pro Stück:
– Grenzzaun 3 m Höhe   115 000 Mark der DDR
– Führungsstelle   65 000 Mark der DDR
– Scheinwerferanlage   55 000 Mark der DDR
– Lichttrasse   50 000 Mark der DDR
– Hundelaufanlage   23 000 Mark der DDR
– Beobachtungsturm   16 000 Mark der DDR.[27]

Anfang der 70er Jahre war der Kasernenneubau im wesentlichen abgeschlossen. Der Preis für die 136 Grenzkompanien und 31 Grenzbataillone belief sich auf 835 Millionen DDR-Mark. Ein Massivobjekt kostete 5 Millionen Mark.

Für Bekleidung und Ausrüstung eines Grenzsoldaten wurden 1 500 Mark aufgewendet; Gesamtpreis bei 50 000 Angehörigen der Grenztruppen ca. 75 Millionen Mark.

Die Kosten für die Verpflegung der Grenzkompanien betrugen pro Monat 12 000 bis 14 000 Mark. Das ergibt eine jährliche Summe von 26 Millionen für sämtliche Grenzkompanien.

Angaben über den Preis von Bewaffnung, Bodenminen und Selbstschußapparaten konnten nicht ermittelt werden.

Im Staatshaushalt der DDR war im Jahre 1988 der Etat für die Grenztruppen mit 2,21 Milliarden Mark ausgewiesen.[28] Diese Summe schloß die Aufwendungen für die Grenze zur ČSSR und zur Volksrepublik Polen ein, die jedoch in keinem Verhältnis zu den Kosten der innerdeutschen Grenze standen.

Eine »saubere« Grenze bis zum Jahr 2000

Die SED-Führung hatte in ihrer üblichen »Weitsicht« und gemäß der Vision Erich Honeckers, die Mauer werde noch in hundert Jahren stehen, detaillierte Pläne für den Ausbau der Grenzanlagen erarbeitet. Im Jahr 2000 sollte die deutsch-deutsche Grenze durch eine saubere und technisch perfektionierte Sicherung unüberwindbar werden, die an ein Horrorszenario von Orwell erinnert. Zum Beispiel war der Einsatz der sowjetischen Mikrowellenschranke »Georgin«-RLD-73 vorgesehen. Mittels »Georgin« konnte eine unsichtbare Grenzlinie im Hinterland gezogen werden, die zwischen 30 und 300 m variierte. Überschritt der Flüchtling die Linie, löste die Mikrowellenschranke Alarm aus. Preis pro Gerät: 7 400 Rubel bzw. ca. 29 000 Mark der DDR.

Das Funkmeß-Aufklärungsgerät »Fara« SBR-3 sollte vermutlich den Diensthund ersetzen; es war leicht, tragbar und wurde über einen Akku gespeist. Damit konnten in einem Geländeabschnitt von ca. 4 km »bewegliche Erdziele« aufgespürt werden. Preis pro Gerät: 29 900 Rubel bzw. ca. 119 000 DDR-Mark.

Ein Beobachtungsturm wird gesprengt, Berlin, Juni 1990

Der Vibrationsmeldungsgeber »Gawott« DS-80 W war zur Sicherung von Metallgitterzäunen und Wassersperren vorgesehen. Die Kosten pro Gerät lagen bei 15 500 Rubel bzw. ca. 60 000 DDR-Mark.

Außerdem sollten 100 »Pyroelektrische Meldungsgeber« (Gesamtwert 2 Millionen Mark) und 100 »Mobile Laserlicht-Schranken« (Gesamtwert 5 Millionen Mark) angeschafft werden. Den teuersten Unterpunkt bildeten die 80 Grenzsignalanlagen vom Typ GSA 90, die mit 160 Millionen Mark veranschlagt wurden. Die Gesamtkosten für die zum Ausbau der Grenzsicherung geplanten Anlagen beliefen sich auf 256,75 Millionen Mark der DDR.[29]

Diese Zahlen belegen einmal mehr, wie intensiv die SED-Führung bis zum Schluß bemüht war, eine Massenflucht der DDR-Bevölkerung zu verhindern.

Die Rekrutierung und Ausbildung der Grenzsoldaten (1970–1989)

> In der totalitären Welt wird auch die Erziehung
> total geplant, daher bis in das Kleinste geregelt,
> nivelliert und erzwungen ... Sie organisieren
> die Erziehung wie maschinelle Apparatur.
>
> *Karl Jaspers*

Das Wehrdienstgesetz

Im Jahre 1962 wurde in der DDR die Wehrpflicht eingeführt; damit kamen erstmals Jugendliche per Gesetzeszwang als Soldaten an die deutsch-deutsche Grenze. Die Musterung und die Einberufung erfolgten auf den regionalen Wehrkreiskommandos. Der Personalmangel in den bewaffneten Organen und die sich verhärtenden Fronten zwischen der Nato und dem Warschauer Pakt machten diesen Schritt aus Sicht der SED notwendig. Die Bundesrepublik besaß bereits seit 1957 ein Wehrdienstgesetz.

Die Wehrpflicht erstreckte sich auf männliche Bürger der DDR vom 18. bis zum vollendeten 50. Lebensjahr. Die Dauer des Grundwehrdienstes, zu dem Jugendliche bis zum 26. Lebensjahr einberufen werden konnten, betrug 18 Monate. In § 1 des Wehrdienstgesetzes (WdG) aus dem Jahre 1982 heißt es u. a.: »Durch den Wehrdienst sichert die Deutsche Demokratische Republik ihren Bürgern die Wahrnehmung ihres Rechtes und die Erfüllung ihrer Ehrenpflicht ... das sozialistische Vaterland und seine Errungenschaften zu schützen ...«[1]

Das »Recht« auf Wehrdienst kam in Wahrheit einem Zwang gleich. Laut Wehrdienstgesetz bestand zwar die Möglichkeit, einen Ersatzdienst ohne Waffe in einer militärischen Baukompanie abzudienen, doch dazu wurde nur ein kleines Kontingent zugelassen (ca. ein halbes Prozent der Rekruten eines Jahrgangs). Die »Allgemeine Schweizer Militärzeitschrift« berichtete: »Die Musterungsbehörden lehnen die Erweiterung der Baueinheiten mit der Begründung ab, der Plan sei bereits erfüllt.

So sind im Februar 1983 zum Beispiel in Schwerin, Dresden und Ostberlin fünf junge DDR-Bürger zu 18 Monaten Gefängnis verurteilt worden, weil sie von ihrem Recht Gebrauch machen wollten, als Bausoldaten zu dienen ... Auch Anhänger der Wehrdienstverweigerung, die den an sich waffenlosen Dienst in den Baueinheiten verweigern, werden Haftstrafen in Gefängnissen der Volksarmee unterworfen.«[2]

Mit dem Zivildienst in der Bundesrepublik war der Bausoldatendienst in der DDR nicht vergleichbar, denn die Rücksichtnahme auf religiöse oder pazifistische Anschauungen war nur vorgetäuscht. Die Bausoldaten unterlagen den Militärgesetzen und Disziplinarbestimmungen, wurden von Offizieren und Unteroffizieren der NVA befehligt, erhielten Pionierausbildung und Politschulung. Letztlich waren sie stets für Armeezwecke einsetzbar.

Die »Frankfurter Allgemeine Zeitung« kritisierte im März 1982: »In der Bundesrepublik darf dem Prinzip des bewaffneten Friedens jeder (durch Zivildienst) seine private Absage erteilen, obwohl er sie nicht einleuchtend vertreten kann. In der DDR wird ihm – sogar schon beim Verdacht entsprechender Gesinnung – mit repressiven Mitteln entgegengetreten.«[3] Wer den »Ehrendienst in der NVA« ablehnte, mußte sich Verhören der Offiziere im Wehrkreiskommando stellen, wurde von der Stasi observiert und in seiner beruflichen Karriere behindert.

Wie in § 5 des Wehrgesetzes vorgegeben, war die Vorbereitung auf den Wehrdienst »Bestandteil der Bildung und Erziehung an den allgemeinbildenden Schulen, Einrichtungen der Berufsbildung, Fachschulen, Hochschulen und Universitäten«.

Im Kindergarten gab es militärisches Spielzeug, zudem wurden Bildungsinhalte vermittelt, die der Militarisierung dienten. Die 3- bis 6jährigen lernten beispielsweise folgendes Lied:

> Wenn ich groß bin gehe ich zur Volksarmee,
> ich fahre einen Panzer, ra-ta-ta.
> Wenn ich groß bin gehe ich zur Volksarmee,
> ich lade die Kanone, rum-bum-bum.[4]

In der Schule setzte sich diese Normung fort: Im Lesebuch für Kinder der Unterstufe standen militärverherrlichende Texte nebst bunten Zeichnungen von Soldaten, Panzern, Düsenjägern und Kriegsschiffen. Von der 1. bis zur 3. Klasse gehörten nahezu alle Schüler den Jungpionieren an, dann wurden sie als Thälmannpionier »vereidigt«. Pioniere trugen zu besonderen schulischen Anlässen oder an Pioniernachmittagen eine Uniform. Als Grußformel rief der Lehrer vor jeder Unterrichtsstunde seinen Schülern zu: »Seid bereit!«, daraufhin antworteten diese im Chor »Immer bereit!« und hoben, wie beim Militär üblich, den Arm in Richtung Kopf. Ab der 8. Klasse traten die meisten Schüler in die FDJ ein, die ebenfalls in die paramilitärischen Strukturen eingebunden war. Die GST setzte sich noch intensiver als die FDJ für die sozialistische Wehrerziehung ein.

An jeder DDR-Schule wurden Fahnenappelle abgehalten, wo Lehrer und Schüler, genau wie bei militärischen Aufzügen, sich im Karree in Reih und Glied um einen Fahnenmast stellten. Den formellen Höhepunkt bildete dabei stets das Hissen der DDR- bzw. FDJ-Fahne.

1978 wurde Wehrerziehung für Schüler ab dem 14. Lebensjahr als Pflichtfach eingeführt. Die Vermittlung militärpolitischer Inhalte und Feindbilder und das Werben für militärische Berufe im Unterricht kritisierten viele Eltern, ebenso die vormilitärische Ausbildung in Wehrlagern.

Zu Beginn der Berufsausbildung bzw. des Studiums wurden die Jugendlichen erneut in ein Wehrlager geschickt. Die vormilitärische Ausbildung wiederholten die Lehrlinge in regelmäßigen Abständen. Meist wurde an einem Tag im Monat in GST-Uniform unter Anleitung der Berufsschullehrer marschiert, gerobbt, geschossen und Sanitätsdienst geübt.

Weil militärische Strukturen und Inhalte in der DDR Unterricht und Pädagogik stark prägten, kam es in der Bevölkerung immer häufiger zu Protesten.

Wer »durfte« Grenzsoldat werden?

Die Wehrpflichtigen in der DDR wurden in den regionalen Wehrkreiskommandos erfaßt. Ohne ihr Wissen teilte man sie in zwei Gruppen ein: die einen hatten Kontakte zu Verwandten ersten und zweiten Grades in der Bundesrepublik, die anderen nicht. Die erste Gruppe kam für die Grenztruppen nicht in Frage. Persönliche Beziehungen zu Westdeutschen, so vermuteten die DDR-Militärs, erhöhten die Fluchtmotivation.

Vor der Einberufung zu den Grenztruppen holten die Mitarbeiter der Wehrkreiskommandos im Betrieb und bei der Volkspolizei geheime schriftliche Beurteilungen der Jugendlichen ein. Die Relevanz der Beurteilungen ist zweifelhaft, denn nur wenige Durchschnittsbürger äußerten sich offen gegenüber dem Betriebsleiter, Kaderleiter oder Parteisekretär bzw. der Volkspolizei. Alle Informationen wurden in einem »Persönlichkeitsbild« zusammengefaßt.

Bei der Rekrutierung der Grenzsoldaten im GWD spielte die Mitgliedschaft der SED keine Rolle, denn der SED-Mitgliederanteil unter den Soldaten entsprach dem DDR-Durchschnittsniveau.

Posten und Postenführer auf Grenzstreife

Obwohl DDR-Militärs die Grenztruppen als »Garde der NVA« bezeichneten, hegten sie großes Mißtrauen gegenüber den 18-Monate-Soldaten. Das zeigt die Aufteilung der Grenzsoldaten in sieben »Kategorien«. Das Grenzgebiet staffelte sich in verschiedene »Gefahrenzonen«; bescheinigte man dem Soldaten ein »klassenbewußtes Persönlichkeitsbild«, galt er als absolut vertrauenswürdig und wurde unmittelbar an der Westgrenze eingesetzt.

Kategorie A: Der Soldat konnte mit jedem Angehörigen der Grenztruppen auf dem gesamten Grenzgebiet eingesetzt werden, also auch hinter den letzten Sperranlagen bis zu den Grenzsäulen.

Kategorie B: Der Soldat war bis zur Höhe des ersten Kolonnenweges (K 1) einsetzbar und durfte mit einem A-Bestätigten im gesamten Grenzgebiet Dienst tun.

Kategorie B 1: Diese Soldaten konnten mit einem A-Bestätigten im gesamten Grenzgebiet bzw. mit einem B-Bestätigten (ohne Ziffer) bis zur Höhe des ersten Kolonnenweges (K 1) agieren.

Kategorie B 2: Es galten die gleichen Bedingungen wie für B 1. Die Unterteilung erfolgte, um geringfügige Abstufungen in der Zuverlässigkeit festzuhalten.

Kategorie C: Dazu zählten alle Soldaten im Urlaub und alle abkommandierten Soldaten.

Kategorie D 1: Diese Soldaten durften nur »freundwärts« handeln, also hinter den Sperranlagen, und nur gemeinsam mit einem A-Bestätigten. Der Einsatz mit einem B-Bestätigten war nicht erlaubt.

Kategorie D 2: Der Soldat war grenzdienstuntauglich. Er wurde nur mit Wartungsarbeiten (Schlosser, Heizer etc.) innerhalb der Grenzkompanie betraut oder als Wachpersonal innerhalb des Kasernengeländes eingesetzt. In besonderen Fällen durfte ein D 2-Bestätigter mit einem Offizier freundwärts der Grenzanlagen (Hinterland) agieren.[5]

Die Soldaten wurden vom Zugführer halbjährlich in die genannten Kategorien neu eingestuft. Der Zugführer entschied auch, wer zum Postenführerkurs geschickt wurde. Ungefähr 75

Prozent aller Soldaten erhielten die Beförderung zum Postenführer; dies wurde durch »grüne Balken« auf den Schulterstükken kenntlich gemacht.

Die Ausbildung der Grenzsoldaten im Grundwehrdienst

Zweimal jährlich, im Mai und im November, erfolgte die Einberufung der Soldaten zur NVA und zu den Grenztruppen. Die ersten 6 Monate des 18monatigen Grundwehrdienstes wurden für die Ausbildung verwendet. Ab März 1987 verkürzte sich die Ausbildungszeit der Grenztruppen auf 3 Monate, und die Einberufung von Wehrpflichtigen fand alle 4 Monate statt.[6]

Die soziale Herkunft der Rekruten gliederte sich 1988 wie folgt auf: 88,8 % Arbeiter, 6,8 % LPG-Mitglied, 1,7 % Angestellte, 0,9 % Studenten, 0,7 % Intelligenz, 0,7 % Mitglieder einer Produktionsgenossenschaft des Handwerks, 0,1 % selbständige Handwerker und 0,3 % Sonstige.[7]

Die Ausbildung der Grenzsoldaten erfolgte in den Grenzausbildungsregimentern (GAR). Mitte der 80er Jahre gab es 8, einschließlich der Unteroffiziersschule in Perleberg. Die GAR unterteilten sich in Ausbildungskompanien. Das GAR Eisenach besaß 9 Ausbildungskompanien mit einer Stärke von jeweils ca. 120 Personen.

Im GAR erhielten die Jugendlichen Dienst-, Arbeits- und Ausgangsuniformen und Ausrüstung. Dazu gehörten neben Sturmgepäck und Gasmaske zwei Kernstrahlungs-Dosimeter; letztere sollten im Ernstfall die radioaktive Strahlung der Soldaten messen.

Der Soldat mußte »alle privaten Kleidungsstücke und Gegenstände verpacken und nach Hause schicken«. Während der Armeezeit galt »absolute Uniformpflicht«.[8] Der Stationierungsort der Rekruten lag in der Regel mehrere hundert Kilometer vom Heimatort entfernt; der Urlaub bemaß sich für den Grundwehrdienst auf 18 Tage; d. h., der Soldat durfte alle zwei bis drei Monate für ein verlängertes Wochenende »wegtreten«.

Der Ausgang am Standort war spärlich bemessen: »Nach

den ersten sechs Wochen Grundausbildung, in denen es überhaupt keinen Ausgang [gab] ..., stand dem Wehrpflichtigen einmal pro Woche ein Ausgang vom Dienstschluß [19.10 Uhr] bis 24.00 Uhr zu.« Selbstverständlich herrschte auch beim Ausgang Uniformzwang.[9]

Grenzsoldaten wurden in der Grundausbildung vorwiegend zum Mot.-Schützen ausgebildet. Neben der Exerzierausbildung gab es folgende Ausbildungsfächer:
– Schießen (Mpi, z. T. LMG, Panzerbüchse),
– Pionierausbildung,
– Taktik,
– Schutzausbildung (Gasmaskentraining),
– militärische Topographie,
– physische Ausbildung,
– Innendienst (Kleiderordnung, Revierreinigen, Schrankaufbau etc.) und
– Sanitätsausbildung.[10]

Während der direkten Grenzausbildung übten die Soldaten:
– die Festnahme von Flüchtlingen,
– die Abriegelung eines Grenzabschnittes bei Grenzalarm,
– die Suche nach Flüchtlingen unter Geländebedingungen,
– diverse Passierscheinkontrollen im Grenz- und Sperrgebiet,
– die Kontrolle von Kfz und
– bei Hundeführern die Ausbildung mit dem Hund.

In der Regel hatte jedes GAR eine eigene Lehrgrenze, an der das Bewegen im Grenzabschnitt, das Telefonieren mit dem Postentelefon, das Öffnen eines Grenzsignaltores etc. trainiert werden konnten.[11] Die fast 2 000 m lange Lehrgrenze auf dem Ausbildungsplatz bei Neu-Zittau stellte eine originalgetreue Nachbildung der Berliner Mauer dar.

Die Gefechtsausbildung der Rekruten erfolgte unter hohen körperlichen Belastungen: Übersteigen der Sturmbahn auf Zeit, Kampf im Gelände, Ausheben von Schützengräben, Abwehr gegnerischer Angriffe, Nachtschießen, Handgranatenwerfen (z. T. mit scharfer Munition), 20-km-Märsche mit Sturmgepäck, davon 5 km unter der Gasmaske, bis hin zu Kampfübungen unter offenem Feuer. Bei letzteren mußten Soldaten auch Sturmbahngeräte überwinden, die mit brennbarer Flüssigkeit übergossen und angefackelt worden waren.

Besonders häufig trainierten die Rekruten in der Ausbildung das Gasmaskentraining mit und ohne Schutzanzug, mit und ohne Schutzplane sowie das Schießen mit der Kalaschnikow bzw. die Soldaten anderer Waffengruppen das Schießen mit einem LMG oder der Panzerfaust. Die gesamte Ausbildung sollte unter kriegsähnlichen Bedingungen erfolgen. Die Front war in diesem Fall die Grenze, und Armeegeneral Heinz Hoffmann bezeichnete demgemäß den Grenzdienst der Soldaten als »Frontdienst in Friedenszeiten«, wobei stets der Ernstfall mit vorgesehen war.

Einem Militärhandbuch der DDR zufolge basierte die Ausbildung auf dem »Prinzip der Kriegsbezogenheit«. Dazu gehörten »hohe Intensität optischer und akustischer Gefechtseinflüsse …, effektives Handeln unter aktiver Einwirkung des Gegners …, Überrollen von Panzern …, Havarietraining, Arbeit unter allen klimatischen Witterungsbedingungen, bei allen Tageszeiten …, Überwinden von Räumen mit Zerstörungen, Bränden und Aktivierungen, ›Verluste‹ an Menschen, Material etc.« Abschließend resümierten die Autoren: »Dieses Prinzip nutzen, heißt die Auszubildenden alles das lehren, was sie im Kriege benötigen.«[12]

Das Feindbild

Der Polit-Unterricht und die Ausprägung eines Feindbildes besaßen in der theoretischen Ausbildung besonderen Stellenwert. »Die Einführung eines Begriffes vom ›objektiven Gegner‹«, so stellte Hannah Arendt fest, »ist für das funktionieren totalitärer Regime wichtiger als die ideologisch festgelegte Bestimmung, wer der Gegner jeweils ist.«[13] Den Soldaten in den Grenzausbildungsregimentern sollte es an beidem nicht mangeln: Die Vorgesetzten mußten die Rekruten »zur Unversöhnlichkeit gegenüber dem Imperialismus (und) zum Haß auf seine Söldner« erziehen sowie zur offensiven Auseinandersetzung mit der bürgerlichen Ideologie« befähigen.[14]

Außer der tagespolitischen Information erteilte der Zugführer wöchentlich 5-7 Stunden Polit-Unterricht. Selbstverständlich mußte der Soldat auch die politischen Sendungen im DDR-Fernsehen mitverfolgen: die Aktuelle Kamera (DDR-Nachrichten) oder den Schwarzen Kanal mit Karl Eduard von Schnitzler.

Bei den Grenztruppen herrschte ein strenges Nachrichtenmonopol. Jedes Zimmer erhielt ein Exemplar des SED-Zentralorgans »Neues Deutschland« bzw. die FDJ-Zeitung »Junge Welt«.

Mit den Kompanie-Radios in den Zimmern konnte man das Programm des DDR-Rundfunks empfangen. Private Geräte genehmigten die Vorgesetzten nur, wenn die DDR-Sender mittels Klebestreifen deutlich gekennzeichnet waren. Im Ausbildungsjahr 1982/83 wurden im Grenzkommando Nord 2 086 Angehörige der Grenztruppen beim Hören von »Feindsendern« ertappt, der Anteil einfacher Soldaten betrug 63,4 %. Das MfS ging von einer wesentlich höheren Dunkelziffer aus.[15] Wurden »Feindsender« gehört, zogen die Vorgesetzten das Radio ein.

Die Totalitarismus-Theorie sieht im Feindbild einen wesentlichen Baustein zur Machtfestigung: »Während der totale Herrschaftsapparat im eigenen Lande konspirativ arbeitet, propagiert er die Verschwörung gegen die nichttotalitäre Welt ... Die gleichgeschaltete Bevölkerung wird daran gewöhnt, in Begriffen einer Verschwörung zu denken und sich zu verhalten, indem man ihr erzählt, die gesamte Welt hätte sich gegen sie verschworen.«[16] Die Polit-Schulung in den Grenzerkollektiven war ein komprimiertes und miniaturisiertes Abbild dieser Methode: Den Soldaten wurde tagtäglich eingebläut, der Gegner bzw. Klassenfeind plane eine Verschwörung oder einen Angriff, sei es durch die bereits erwähnten Mittel, sei es durch kriegsverherrlichende Spielfilme (meist russischer Produktion), sei es durch Präsentation von Erkennungszeichen westlicher Armeen bzw. von deren technischen Geräten (BGS, Bundeswehr, Britische Rheinarmee etc.). Nicht selten mußte auch der Flüchtling als »kriminelles Element« herhalten.

Ziel der Indoktrination war die Gleichschaltung aller Sol-

Grenzsoldaten zupfen Unkraut auf dem Spurenstreifen.

daten. Die Offiziere der Grenztruppen wußten nur zu gut: »Totale Herrschaft, die darauf ausgeht, alle Menschen in ihrer unendlichen Pluralität und Verschiedenheit so zu organisieren, als ob sie alle zusammen ... einen einzigen Menschen ergeben, ist nur möglich, wenn es gelingt, jeden Menschen auf eine sich immer gleichbleibende Identität von Reaktionen zu reduzieren.«[17]

Um die Ausbildung eines Feindbildes zu »optimieren«, bildete die Grenztruppenführung eigens eine »Unterabteilung Spezialpropaganda«. Allein im Ausbildungsjahr 1987/88 hielten die Offiziere für Spezialpropaganda vor ca. 7 800 Teilnehmern Referate. Schwerpunktthemen waren Probleme der ideologischen Diversion des Gegners, die Nato-Militärpolitik und die Militärpolitik der SED.[18]

Die Erfolge der politisch-ideologischen Schulung stellten das MfS nicht zufrieden: »Noch mehr muß getan werden, um Auffassungen zu überwinden, die aus der Beeinflussung mit pazifistischem Gedankengut durch den Gegner herrühren. Manchem jungen Armeeangehörigen bereitet es Schwierigkeiten, schon relativ fest ausgebildete Lebensgewohnheiten mit den Erfordernissen des militärischen Dienstes in Übereinstimmung zu bringen. Eine intensive Erziehungsarbeit ist erforderlich, um die Argumentation der Klassenfeinde offensiv zu widerlegen. In diesem Zusammenhang ist die Erkenntnis zu festigen, daß die Bedingungen des militärischen Dienstes einen Empfang von Feindsendern nicht gestatten. Alle diese Fragen stellen sich mit jeder Einberufung neu.«[19]

Der durchschnittliche Soldat besaß kein Feindbild und »glaubte« weder an den Sozialismus noch an den Kapitalismus. Er war vielmehr ratlos, fühlte sich mißbraucht und von seinem Privatleben abgeschnitten, wie der ehemalige Grenzsoldat Eugen Ruge bestätigt: »Wir lernten unter der Gasmaske frische Kampflieder zu singen. Wir polierten die Unterseite unserer Schuhe. Wir wurden angeschrien. Wir mußten vor den Unteroffizieren – neunzehnjährigen Milchgesichtern –, die uns schikanierten und die wir verachteten, Ehrenbezeigungen machen. Und immer kamen die gleichen sehr einfachen Druckmittel zum Einsatz: Ausgangssperre, Urlaubssperre, eine ›vermasselte‹ Zukunft, im schlimmsten Fall die Militärstrafanstalt in Schwedt, von der man munkelte, daß da noch keiner als normaler Mensch herausgekommen sei. ... Was uns, diese Neunzehnjährigen, damals zerbrach, abstumpfte, kaputtmachte, war die Frage: Wozu? Wozu durfte man sein Mädchen nicht sehen? Wozu wurde man angebrüllt? ... Ich kenne nur wenige Soldaten, die an einen Wehrauftrag geglaubt haben. Und die überhaupt an etwas glaubten, an den Sozialismus womöglich, an das, was der Lehrer im Staatsbürgerkundeunterricht sagte ... Die Wirklichkeit dieser ›Nationalen Volksarmee‹ war für den Glauben nicht gut.«[20]

Der territoriale Überwachungsapparat

> Keiner kommt durch, Genossen,
> das sei versprochen!
> Nicht den Verführten
> lassen wir aus unserem Land,
> nicht den Verführer
> lassen wir herein.
> Wir verhindern
> den Mißbrauch der Dummheit.
>
> *Helmut Preißler*

Das Netzwerk zum Erfassen von Flüchtlingen

Der Aufbau eines engmaschigen Netzes von Kontroll- und Überwachungsinstitutionen in der DDR führte dazu, daß immer weniger Flüchtlinge unmittelbar an der Grenze festgenommen wurden. 1962 stellten die Grenztruppen noch 71,5 Prozent, 1970 22,5 Prozent und 1978 12,6 Prozent, Mitte der 80er Jahre waren es ca. 24 Prozent.[1]

Das Netzwerk erstreckte sich über die Bezirksstädte, Landkreise und Kleinstädte bis in die entlegensten Dörfer, in die Betriebe und Wohngebiete. Zu den Überwachungs- und Kontrollorganen zählten neben dem Politbüro und dem NVR (als Initiatoren) die Räte der Bezirke und Kreise, die Deutsche Volkspolizei, die Transportpolizei, das MfS, die freiwilligen Polizeihelfer und Hausbuchbeauftragten (als Ausführende). Die Hausbuchbeauftragten überwachten die Wohngebiete in den Stadtbezirken bzw. Dörfern und erfaßten die Besucher der Anwohner.

Die DVP nahm in den Jahren 1977 und 1980 44 Prozent der Flüchtlinge fest, die Trapo 24 Prozent, das MfS 21 Prozent und die Grenztruppen 10 Prozent.[2] Folgende Statistik des MfS bestätigt diese Entwicklung auch für die 80er Jahre:

Institution	Festnahmen 1987 – in %	1988 – in %
Deutsche Volkspolizei	748 – 43 %	978 – 42 %
Transportpolizei	422 – 24 %	526 – 23 %
Grenztruppen	412 – 24 %	614 – 27 %
MfS (einschl. PKE)	194 – 8 %	73 – 4 %
Gesamt	1 732 – 100 %	2 312 – 100 %

Weniger als 25 Prozent der Flüchtlinge gelangten in das Grenzgebiet, wie die nachstehende Übersicht[3] zeigt:

Ort	Festnahmen 1987 – in %	1988 – in %
am Heimatort	238 – 14 %	217 – 10 %
auf dem Anmarschweg	1 040 – 60 %	1 369 – 59 %
im Grenzgebiet	381 – 22 %	629 – 27 %
an den Grenzübergängen	73 – 4 %	95 – 4 %
Gesamt	1732 – 100 %	2 312 – 100 %

Der Nationale Verteidigungsrat

Der Nationale Verteidigungsrat übte die oberste militärische Kommandogewalt gegenüber allen bewaffneten Kräften der DDR aus: NVA, Grenztruppen, Polizei, Kampfgruppen und MfS. Der Vorsitzende des NVR hatte zudem ein Weisungsrecht gegenüber dem Vorsitzenden des Ministerrrates und den Leitern der zentralen Staatsorgane.

Wie in diesem Buch bereits dokumentiert, initiierte er den Ausbau und die Aufrechterhaltung des Grenzregimes maßgeblich. Die grundsätzlichen Anweisungen des NVR zur Grenzsicherung wurden in den 101er Befehlen niedergeschrieben. Dies gilt für den Schießbefehl, die Neueinführung von Sperrelementen an der Grenze oder für die ideologische Orientierung der staatlichen Organe.

Die Räte der Bezirke und Kreise

Das Territorium der DDR gliederte sich in 15 Bezirke (einschließlich Berlin), die in 27 Stadt- und 191 Landkreise aufgeteilt waren. Ihnen standen Räte der Bezirke bzw. der Kreise vor.

Die Räte der Bezirke, insbesondere jene an der Grenze zur Bundesrepublik bzw. Berlin (West) beschäftigten sich regelmäßig mit Fragen der Grenzsicherung bzw. der Festnahme von fluchtwilligen DDR-Bürgern. Informationen und Statistiken erhielten sie von der Volkspolizei und vom MfS. In den Grenzkreisen arbeiteten die Verwaltungen eng mit den Angehörigen der Grenztruppen bzw. der Volkspolizei und dem MfS zusammen. Der rege Informationsaustausch sollte gewährleisten, daß die staatlichen Institutionen sich gegenseitig unterstützten und auf »Schwerpunkte und Mängel«, die »sich negativ auf die zuverlässige Sicherung der Staatsgrenze« auswirkten, strikt reagierten. Im Raum Halberstadt registrierte man 1979 u. a. folgende »Mißstände«:

Bürger N. durfte in seiner beruflichen Funktion als Werkstattleiter in den Schutzstreifen einreisen und arbeiten, obwohl er »mehrmals einen Antrag auf Ausreise in die BRD« gestellt hatte. Bürger K. aus Vogelsdorf wurde im Grenzgebiet festgenommen, weil er von seinem LPG-Brigadier einen Arbeitsauftrag, aber keinen Passierschein erhalten hatte. Der Jugendliche S. aus Lüdersdorf, der im Grenzgebiet arbeiten sollte, zechte statt dessen in einer Gastwirtschaft in der Sperrzone.

Durch das »Stellen konkreter Forderungen ... der Leiter der Organe des Zusammenwirkens und durch Beauflagungen durch den Vorsitzenden des Rates des Kreises Wernigerode an die ... Leiter staatlicher Einrichtungen« konnten diese »Mängel« behoben werden.[4]

Das MfS zog in bezug auf den Bezirk Suhl eine positive Bilanz: »Die bewährte Berichterstattung und Informationstätigkeit durch die Bezirksverwaltung [und] die Grenzkreisdienststellen ... an die 1. Sekretäre der Bezirks- und Kreisleitung der SED wurde gewährleistet ...«[5]

Deutsche Volkspolizei

Zur DVP gehörten in den 80er Jahren ca. 80 000 Polizisten, die in den Bezirksbehörden, VP-Kreisämtern (VPKÄ), VP-Revieren (einschl. ABV) arbeiteten. Hinzu kamen 8 000 Transportpolizisten und ca. 15 000 Angehörige des Betriebsschutzes sowie 177 500 freiwillige Polizeihelfer.

Bis zum Ende der DDR im Jahre 1990 beschäftigten sich folgende Hauptabteilungen (HA) der DVP ausdrücklich mit Republikflüchtlingen: HA Politikverwaltung, HA Kriminalpolizei, HA Strafvollzug, HA Paß- und Meldewesen.

Die HA Politikverwaltung fertigte u. a. die Flüchtlingsstatistiken an und sicherte die Agitation und Propaganda. Sie besaß einen engen Kontakt zur SED-Führung.

*Grenzhelfer üben das Aufspüren und Stellen von Republikflüchtigen
Sommer 1961*

Die HA Kriminalpolizei, Arbeitsgebiet KI, ermittelte u. a. gegen Personen, die unter Republikfluchtverdacht standen. Sie arbeitete mit geheimdienstlichen Methoden: verdeckter Observierung, Lauschangriffen und Spitzeln. Eine Unterabteilung »Staatsgrenze« beschäftigte sich besonders intensiv mit dem Flüchtlingsproblem. Da es eine gute Zusammenarbeit der KI mit dem MfS gab, fielen nach dem Zusammenbruch der DDR die KI-Akten unter das Stasi-Unterlagengesetz.[6]

Die HA Strafvollzug war für die inhaftierten Flüchtlinge zuständig. Teilte man nach § 213 StGB Verurteilte im Zuchthaus in die Rubrik »Gesondertes Kommando« (Politische Gefangene, Schwerkriminelle und Skinheads) ein, mußten sie häufig verschärften Strafvollzug ertragen, der u. a. die Möglichkeit von Isolationshaft vorsah.

Die HA Paß- und Meldewesen beschäftigte sich mit der Bearbeitung von Ausreiseanträgen bzw. mit der Genehmigung von Besuchsreisen in die BRD und ins kapitalistische Ausland. Daß diese Arbeit problematisch war, zeigt die Einschätzung von Generalleutnant Riss aus dem Jahr 1977: »Die Fälle nehmen zu, in denen Bürger mit allem Nachdruck Reisegenehmigungen fordern und bei Absagen damit drohen, sich an die UNO, an die Regierung oder Körperschaften der BRD und dergleichen zu wenden ... Uns ist die Schwere der Aufgabe bekannt, wir schätzen und würdigen die geduldige ... Argumentation der Mehrzahl unserer Mitarbeiter ... [dennoch] lenke ich Ihre Aufmerksamkeit auf noch bestehende Mängel in der Argumentation ...«[7] Zu diesen Mängeln gehörten beispielsweise das Argument »aus Sicherheitsgründen« und der Umgangston gegenüber den Bürgern.

Das MdI hob 1980 in einer Analyse der VP-Arbeit hervor: »Das Hauptaugenmerk richtete sich insbesondere auf:
– die Schwerpunkte der Kriminalität,
– die Wohngebiete mit hoher Fluktuation,
– Wohngebiete an militärischen Objekten,
– Wohngebiete an Transitstraßen,
– die Orte im Grenzgebiet zur BRD und Berlin (West) und Orte die an das Grenzgebiet angrenzen,

– Schwerpunkte, die sich aus dem Reiseverkehr ergeben,
– Vermerke, die auf den Übersichten ... [der] Hausbuchbeauftragten enthalten sind.«[8]

In jedem Grenzkreis richteten die VPKÄ VP-Gruppenposten/Grenze ein, zu denen 30 bis 70 Polizisten gehörten. Wie das MfS betonte, konnte die »Wirksamkeit der DVP im abgestimmten System der Grenzsicherung aller Organe des Zusammenwirkens ... weiter erhöht werden. Insbesondere durch die personelle Verstärkung der Gruppenposten/Grenze durch Kräfte aus den Hinterlandkreisen ...«[9] Seit 1958 halfen »freiwillige Helfer der Grenztruppen« beim Aufspüren von Flüchtlingen.

Die DVP war zudem für die Datenerfassung zuständig. Seit 1971 erhielt jeder DDR-Bürger eine Personenkennzahl (PKZ). Mittels der PKZ, die ab dem 14. Lebensjahr im Personalausweis stand, konnten sämtliche angefallenen Daten zentral registriert werden. Anfang der 80er Jahre führte die DVP das elektronische Fahndungssystem »Dora« ein (Dialogorientiertes Recherchensystem über Personen und Sachen), das Zugang zur Zentralen Personendatenbank des Ministeriums des Innern hatte.[10]

Auch die Abschnittsbevollmächtigten (ABV) und freiwilligen Polizeihelfer hatten Anteil an der Durchsetzung des § 213 (Ungesetzlicher Grenzübertritt). Beantragten Bürger Reisen ins westliche Ausland, mußte der ABV häufig ein »Persönlichkeitsbild« anfertigen.[11]

Transportpolizei

Die Transportpolizei (ca. 8 000 Mitarbeiter) mußte den Bahnverkehr überwachen, Betriebsunfälle verhindern, Ladegutbeschädigungen aufdecken und Bauvorhaben bei der Reichsbahn absichern. Sie war auch für die Kontrolle der Bahnhöfe und Züge insbesondere im grenznahen Gebiet und das Durchsuchen der Transitzüge zuständig.

In einer Einschätzung der HA Transportpolizei vom 1. März 1983 finden sich lobende Worte: »Durch die verstärkte Einflußnahme der Leiter und Vorgesetzten auf die Ausprägung eines grenzbezogenen Denkens und des Feindbildes bei den operativen Kräften ... wurde den steigenden Versuchen von Angriffen auf die Staatsgrenze zunehmend erfolgreicher entgegengewirkt. Insgesamt wurden 412 Personen [im Jahr 1982] ... noch vor Erreichen des Grenzgebietes ... durch operative Kräfte der Trapo gestellt.«[12] 1987/88 nahmen die Transportpolizisten knapp 1000 Flüchtlinge fest.

Hausbuchbeauftragte

Seit 1965 gab es in der DDR sogenannte Hausbücher, in die sich sämtliche Bewohner eines Hauses und ihre Besucher (bei mehrtägigen Aufenthalten) eintragen mußten. Sie wurden von Hausbuchbeauftragten geführt und von Abschnittsbevollmächtigten bzw. Polizisten aus den VP-Kreisämtern oder freiwilligen Polizeihelfern regelmäßig kontrolliert.

Im ersten Halbjahr 1980 gaben die Hausbuchbeauftragten »20 650 verwertbare Hinweise« an Kräfte der DVP weiter. Die Hauptabteilung Paß- und Meldewesen der DVP empfahl den VP-Dienststellen, eine Kartei anzulegen, in der »alle Besonderheiten, Aktivitäten und deren Ergebnisse, festgestellte Ordnungswidrigkeiten und anderes vermerkt werden ... Anhand der Kartei ist eine gute analytische Tätigkeit möglich und sind gleichzeitig besondere Schwerpunkte ersichtlich. Die Ablage der Kartei erfolgt nach ABV-Abschnitten oder nach Straßen.«[13] Mit besonderer Sorgfalt wurden die Beauftragten der Zeltplätze in ihre Überwachungs- und Kontrollaufgaben eingewiesen. Vor Beginn jeder Saison führte die DVP mit den Leitern der Zeltplätze »zentrale Schulungen« durch, an denen meist die Abschnittsbevollmächtigten teilnahmen[14], da Fluchtwillige bei Annäherung an die Staatsgrenze häufig auf Zeltplätzen übernachten mußten.

Ministerium für Staatssicherheit

Die Mitarbeiter des MfS wirkten auf allen Ebenen an der Verhinderung von Fluchtversuchen mit: bei der verdeckten Ermittlung, bei Ermittlungsverfahren (z. B. § 213) oder als Soldat in Grenzeruniform an den Paßkontrollpunkten der DDR-Grenze.

1983 hatte das MfS 85 500 festgestellte Mitarbeiter, 2 171 Mitarbeiter waren für die Paßkontrolle zuständig, 1 486 für die Telefonüberwachung, 4 000 für die Aufklärung, 8 426 für die Elektronische Aufklärung, 1 284 für die Informationsaufbereitung. 2 244 Mitarbeiter waren als Untersuchungsorgane eingesetzt und 12 000 zur Überwachung des grenzüberschreitenden Verkehrs. Die Kreisdienststellen hatten 10 559 Mitarbeiter.[15]

Um potentielle Flüchtlinge rechtzeitig zu erfassen, erließ das MfS zahlreiche Anordnungen. Gemäß »Richtlinie zur Durchführung von Sicherheitsüberprüfungen« sollte bei Antragstellern für Reisen ins nichtsozialistische Ausland das Fluchtinteresse »herausgefiltert« werden. Erforscht wurden u. a. die »Bindungen« der Person zur Familie, zum Arbeitsplatz, zu materiellen Werten (Mobiliar, Häuser etc.) und zu ideellen Werten (Heimatverbundenheit). Ausdrücklich forderte das MfS: »... der vorgesehenen Erlaubnis oder Genehmigung ist bei Personen, die diesen Anforderungen nicht entsprechen, sowie bei Feststellung von Hinweisen auf Absichten zum ungesetzlichen Verlassen der DDR bzw. auf Übersiedlungsabsichten ... nicht zuzustimmen.«[16]

Für die Operative Personenkontrolle (OPK) sollten u. a. genutzt werden die »vielfältigen Möglichkeiten der Deutschen Volkspolizei, die sich insbesondere ergeben aus ... der Tätigkeit der ABV und ihrer freiwilligen Helfer«, sowie »die Abteilungen Paß- und Meldewesen, die Abteilungen Innere Angelegenheiten der Räte der Kreise/Städte, die Leiter der ... Betriebe, Kombinate und Einrichtungen und die Funktionäre der gesellschaftlichen Organisationen«.[17]

Die Judikative und der Flüchtling

Gegen jeden Flüchtling oder unter Fluchtverdacht stehenden DDR-Bürger, dem der § 213 (Ungesetzlicher Grenzübertritt) zur Last gelegt wurde, leitete der Staatsanwalt ein Ermittlungs-

*Abtransport des verbluteten Flüchtlings Peter Fechter,
17. August 1962*

verfahren ein. Die Durchführung oblag den staatlichen Untersuchungsorganen, also der Staatssicherheit, der Deutschen Volkspolizei oder der Zollverwaltung. Das MfS führte beispielsweise von 1972 bis 1974 3 389 Ermittlungsverfahren nach § 213 durch.[18]

Zur Festnahme eines Bürgers genügte der Verdacht auf Flucht.

Die Untersuchungsorgane reichten beim Haftrichter einen Antrag auf Ausstellen eines Haftbefehls ein, in dem die Gründe für die Festnahme standen.

Auch in der DDR gab es offiziell ein Recht auf Verteidigung, doch wurde dies häufig erst nach Abschluß des Ermittlungsverfahrens eingeräumt. Das Ermittlungsverfahren dauerte maximal 3 Monate. Die Untersuchungsmethoden konnten sich auf 15-stündige Dauerverhöre beschränken, in krasseren Fällen wandte man Prügel, psychiatrische Behandlung und Isolationshaft an. Nach Abschluß der Untersuchung wurde ein Schlußbericht angefertigt, dann übernahm der Staatsanwalt das Verfahren.[19]

Die Strafprozesse bei Fluchtversuchen wurden in der Regel unter Ausschluß der Bevölkerung durchgeführt. Die Richter stimmten bei der Festlegung des Urteils den Forderungen des Staatsanwaltes meist formal zu. Die Haftstrafe für »einfache« Fluchtversuche schwankte zwischen 8 bis 18 Monaten.

Bei folgenden Verfahren war der Rechtsanwalt Dieter Gräf selbst anwesend:

»Beate K., Schülerin, 18 Jahre, gute schulische Leistungen, Freundin eines jungen Mannes, der ›seinem Staat‹ ... den Rücken kehren will. Gemeinsame Absprache und Entscheidung, im Raum Nordhausen/Ellrich über die Staatsgrenze-West in die Bundesrepublik Deutschland zu fliehen. Kauf einer Wander-Touristen-Karte, Harz, gemeinsame Reisevorbereitungen, Fahrt in Richtung Nordhausen, vorläufige Festnahme durch die Transportpolizei der DDR, Inhaftierung, nach fünf Stunden Vernehmung Geständnis der Flucht.

Verteidigung: Keinen Einfluß auf Entscheidung des Gerichts. Verurteilung zu einer Freiheitsstrafe von über einem Jahr. [...]

Veronika B., volljährig, lebt auf einem Dorf, fühlt sich zu Hause nicht mehr wohl; Vater trinkt ab und zu, Mutter ärgert sich darüber, Familienleben ist durch den Ehekonflikt belastet. Veronika ist eine gute Arbeiterin in der LPG, arbeitet aktiv in der FDJ des Dorfes mit ... Anläßlich eines Besuchs von Verwandten aus der Bundesrepublik Deutschland faßt sie nach längerem Ringen mit sich den Entschluß, illegal die DDR zu verlassen ... Sie informiert niemanden von ihrem Plan, über das Nordhäuser Gebiet der Staatsgrenze in den Westen zu fliehen. Auf dem Weg in das Grenzgebiet läuft sie durch ein Dorf, wird von einem Dorfbewohner gesehen ...; sie ist eine Ortsfremde, er meldet das dem Abschnittsbevollmächtigten. Veronika wird 50 m hinter dem Dorf verhaftet.

Staatsanwalt beantragt in der Hauptverhandlung eine Freiheitsstrafe von über einem Jahr, da Veronika B. besonders tatintensiv gehandelt habe ...

Richterin und zwei Schöffen ... verurteilen Veronika B. zu einer Freiheitsstrafe von über einem Jahr ... [...]

›Schwanentag‹ in Weimar. Jugendliche treffen sich an einem Abend in der Woche im Gasthaus ›Zum weißen Schwan‹ neben dem Goethehaus am Frauenplan; sie wollen sich unterhalten, einfach ›quatschen‹. Gelächter, gelockerte Stimmung. Plötzlich schlägt einer vor: ›Wißt ihr was, wollen wir nicht nach dem Westen abhauen? Wie stellen wir das am besten an?‹ Erneutes Gelächter. ›Du Blödmann, die Staatsgrenze ist sicher; da geht ja keine Maus durch!‹ Einer singt: ›Wenn ich ein Vöglein wär und auch zwei Flügel hätt, flög ich drüber weg.‹ Neuer Vorschlag: ›Wir treffen uns morgen früh, um 6.00 Uhr, trampen nach Görlitz, über Polen in die Sowjetunion, von dort in die Wüste, mieten uns ein Kamel und dann ab, ins kapitalistische Ausland!‹ Alles lacht, der Sprecher steht auf, verabschiedet sich: ›Machts gut, bis morgen früh. Wer macht mit?‹ – Zwei andere ... melden sich lachend.

Am anderen Morgen 5.00 Uhr bereits Verhaftungen durch Staatssicherheit ...

Verteidigung: Hinweis auf Nichternsthaftigkeit der Zielplanung ...

Staatsanwaltschaft: beantragt für alle eine Verurteilung zu einer Freiheitsstrafe von über einem Jahr.

Gericht: folgt dem Antrag des Staatsanwalts und verurteilt alle drei Jugendlichen zu der beantragten Freiheitsstrafe von über einem Jahr.«[20]

Die Mehrzahl der nach § 213 Angeklagten erhielten Freiheitsstrafen, nur selten wurde das Urteil zur Bewährung ausgesetzt.

Das Spitzelsystem in den Grenzkompanien

> Wenn jemand dazu gezwungen wird, die Ziele einer Organisation anzuerkennen, dann wird er sie kaum als den seinen übergeordnet empfinden, jedenfalls nicht, solange er noch unter dem Gefühl des Zwanges steht... Der unfreiwillige Wehrpflichtige mag mit der Zeit an Kaserne und Exerzierplatz Gefallen finden. Dennoch gilt die allgemeine Regel: Was erzwungen wird, kann nicht aus freien Stücken erfolgen. Das normale Ergebnis wird Entfremdung und nicht... Anpassung sein.
>
> *John K. Galbraith*

Zur Motivation der Grenztruppen

Die Grenztruppen hatten den »Klassenauftrag«, »die sozialistische Ordnung ... der DDR ... gegen jegliche Angriffe der aggressiven Kräfte des Imperialismus ... zu schützen, die Souveränität der DDR ..., die Unverletzlichkeit ihrer Grenzen und ihrer staatlichen Sicherheit zu gewährleisten.«[1]

Das MfS schätzte in einer Analyse ein: »Bei Offizieren ist die Ausübung des Berufes in der Regel politisch-ideologisch motiviert.«[2] Es sei jedoch »den Grenztruppen noch nicht gelungen, bei allen Offizieren ... klassenmäßig geprägte Standpunkte zur militärischen Disziplin zu schaffen«[3].

Berufsunteroffiziere entschieden sich hingegen nicht nur aus politisch-ideologischen Motiven für dieses Dienstverhältnis bei den Grenztruppen, sondern ein Teil stelle »finanzielle und soziale Fragen in den Mittelpunkt, wie z. B. eigene Wohnung, guter Verdienst ... u. ä.«.[4] 1980 hatten knapp 100 Jugendliche die Ausbildung an der Unteroffiziersschule der Grenztruppen in Perleberg verweigert; 30 % begründeten dies mit einer »fehlenden Bereitschaft«. Die Bewerbungen reichten nicht aus, »um die vorhandenen Planstellen zu besetzen«.

Bei Unteroffizieren in einem 3-Jahre-Dienstverhältnis verliere der ideologische Hintergrund häufig gänzlich an Bedeutung: »in der Mehrzahl [war] die Verpflichtung Ausdruck materieller Vorteilsbestrebungen jeglicher Art, wie z. B. Sicherung Studienplatz, Vorteile für spätere berufliche Qualifikation etc.«[5] Soldaten im Grundwehrdienst leisteten Wehrdienst, »weil es Gesetz ist«. »Die Mehrzahl der Soldaten« sei »bereit, die gestellten Aufgaben als Grenzposten gewissenhaft zu erfüllen«[6], aber »aufgrund der teilweise nicht vorhandenen politisch-ideologischen Wehrmotivation sowie der ungefestigten Einstellung zum Wehrdienst, zum Dienst an der Staatsgrenze, einschließlich Nichtbereitschaft zur Anwendung der Schußwaffe«, komme es »häufig zu Konflikten in der Dienstdurchführung«.[7]

Die Dienstplanung bot weitreichende Spielräume zur »Disziplinierung« der Soldaten. Der Kompaniechef bzw. Zugführer konnte festlegen,
- wie oft ein Soldat für den Grenzdienst, zur Wache bzw. zu Wartungstagen etc. eingeteilt wurde,
- wie lange seine Ruhezeiten zwischen den Diensteinsätzen waren,
- mit welchen Soldaten er gemeinsam ein Dienstfrei verbringen durfte,
- wann er Urlaub bekam und
- ob er ein Dienstfrei zusätzlich an den Urlaub hängen durfte.

Soldaten mit einer negativen Einstellung zum Grenzdienst wurden durch solche Planungsspielräume von den anderen isoliert oder schlichtweg durch beständige Diensteinsätze »verheizt«, wie es im Grenzerjargon hieß. Extreme Zwangsmaßnahmen unter extremen Lebensbedingungen provozieren extreme Reaktionen, »verheizte« Rekruten konnten durchdrehen: »Ein Soldat, dem ... kein Weihnachtsurlaub gewährt worden war, brachte sich gewaltsam in den Besitz der MPi eines Wachpostens, verletzte damit einen Unteroffizier tödlich, zwei Soldaten erheblich und sich selbst lebensgefährlich.«[8]

Die Angst vor Repressalien und Schikanen ließ die Soldaten in der Regel nach der Pfeife der Vorgesetzten tanzen. Bei Befehlsverweigerung drohten scharfe Strafen, zumeist Militärgefängnis. Die dort abzusitzende Zeit mußte an die 18 Monate

Grundwehrdienst angehängt werden. Leichtere Verstöße gegen Dienstvorschriften wurden mit zusätzlichen Arbeiten und Urlaubssperre geahndet. Strenge Verstöße konnten zu Degradierung, Versetzung oder Inhaftierung in einem Militärgefängnis führen. Im Jahr 1980 veranlaßte das MfS 237 Versetzungen bei den Grenztruppen.[9]

Strikte Sicherheitsbestimmungen im Dienstalltag und die Bespitzelung förderten die Atomisierung der Soldaten innerhalb des Grenzkollektivs. Die Offiziere gaben die Zusammensetzung der Postenpaare für den Grenzdienst immer erst eine Stunde vor Beginn bekannt. Dabei achteten sie darauf, daß relativ gut befreundete Soldaten nicht zusammen ein Postenpaar bildeten, denn diese hätten womöglich eine Fahnenflucht aushecken können.

Nicht zuletzt verhinderte die regelmäßige Zu- und Abführung von Soldaten die Bildung kameradschaftlicher Cliquen bzw. Freundschaften innerhalb der Kompanien. Bis Februar 1987 wechselte alle sechs Monate jeweils ca. ein Drittel des Personalbestandes in den Grenzkompanien; dann galt ein viermonatiges Rotationssystem.

Wer war wer?

Für militärische Abwehr, Überwachung und Abschirmung der NVA und der Grenztruppen war die von Generalleutnant Gerhard Neiber geleitete Hauptverwaltung I des MfS zuständig. Das MfS hatte in der NVA ein Verbindungsorgan mit dem Namen »Verwaltung 2000« aufgebaut, in dem bis auf Regimentsebene MfS-Offiziere tätig waren. »Entsprechend gab es für alle militärischen Dienststellen, Lager, Werkstätten und kleinsten selbständigen Einrichtungen eine Zuständigkeitsordnung der Staatssicherheit. Den Verbindungsleuten zum MfS wurden alle Disziplinarvergehen und Militärstraftaten gemeldet ...«[10] Die Untersuchung von Grenzzwischenfällen mit Schußwaffeneinsatz übernahm stets die »Verwaltung 2000«.

Über die Organisation des Spitzelsystems in den Grenztruppen notierte das MfS: »Die politisch-operative Absicherung und Aufklärung des Personalbestandes wird mit IM/GMS [Inoffizielle Mitarbeiter/Gesellschaftliche Mitarbeiter für Sicherheit] gewährleistet. Der durchschnittliche Bestand an inoffiziellen Kräften beträgt dabei im Verantwortungsbereich eines operativen Mitarbeiters etwa 35 IM/GMS.«[11] Operative Mitarbieter waren hauptamtlich für die Staatssicherheit tätig. GMS arbeiteten weniger konspirativ als IM.[12]

In den 80er Jahren hatte die Stasi bei den Grenztruppen ein »Absicherungsverhältnis erreicht, das von 8 bis 10 IM/GMS je Diensteinheit der Grenztruppen der DDR variiert«.[13] Die Diensteinheiten besaßen eine Personalstärke von 70 bis 110 Soldaten. Auf zehn Rekruten kam damit durchschnittlich ein Spitzel. Pro Kompanie wurden jeweils 6 bis 8 Soldaten als »personelle Schwerpunkte« in den Akten der Stasi geführt.[14] Zu diesem Kreis zählte, wer durch staatsfeindliche Äußerungen bzw. eine »ungefestigte politische Grundeinstellung« auffiel oder direkte bzw. indirekte Verbindungen ins westliche Ausland während der Dienstzeit unterhielt. Ebenso Soldaten, die nach Einschätzung der MfS-Offiziere unklare Positionen zur Ableistung des Wehrdienstes, pazifistische Einstellungen und eine »ungefestigte Haltung zur Anwendung der Schußwaffe« hatten, in ungeordneten familiären Verhältnissen lebten, mit »asozialen, kriminell angefallenen Personen« in Verbindung standen oder »ausgeprägte charakterliche Schwächen« besaßen sowie »die sozialistischen Kollektivbeziehungen« störten.[15]

Die Zuführung der IM/GMS erfolgte über die Ausbildungsregimenter. Da die Spitzel nicht älter als die einfachen Rekruten sein durften, besaßen sie häufig nur mangelhafte konspirative Fähigkeiten.[16] Um nicht enttarnt zu werden, durften die IM/GMS fast keine Notizen aufzeichnen, die Informationsübermittlung erfolgte mündlich oder per Tonbandaufnahme. In der Regel traf sich der operative Mitarbeiter mit seinen Zuträgern in den Grenzkompanien oder im Urlaub. »Die Treffdauer mit den IM/GMS im Bestand der Soldaten« betrug »durchschnittlich 30 bis 40 Minuten«.[17]

Der einfache Soldat hatte keine Privatsphäre, die Grenzkompanien glichen häufig einem »in die Kollektive zusammengetriebenen Haufen verzweifelter Individuen, in dem jeder jedem mißtrauen mußte, weil keiner wissen konnte, wer ein Agent der Partei war«.[18] Die Spitzel saßen ständig direkt an der Quelle: während der Grenzdienste, im Kompaniealltag bei den Mahlzeiten oder in der Freizeit auf der Stube. In der Regel bekam jeder Soldat einmal wöchentlich bis 24.00 Uhr Ausgang am Standort, meist suchte er dann mit drei, vier anderen die nächste Gastwirtschaft auf. Der Alkoholgenuß bot die einzige wirkliche Abwechslung im Alltag an der Grenze, und viele Soldaten tranken oft über den Durst. Dadurch wurden sie gesprächig und redeten auch über heikle Themen. Manch einer machte dann aus seiner wahren Einstellung zur DDR und zur SED oder gar eine geplante Fahnenflucht kein Hehl. Alkohol wurde auch in den Kompanien konsumiert, obwohl es offiziell verboten war. Im Ausbildungsjahr 1987/88 kam es bei den Grenztruppen in »773 Fällen [zum] Alkoholmißbrauch in militärischen Objekten«.[19] Natürlich lag die Dunkelziffer wesentlich höher. Viele Offiziere duldeten Alkoholkonsum in den Grenzkompanien als »Kompensationsventil«, durch das schlimmere Disziplinarverstöße verhindert werden konnten (Befehlsverweigerung, Fahnenflucht etc.).

In den Kompanien sprach man das Thema Stasi nicht offen an. Die Spitzel waren »die einzigen, die nicht in der Narrenhölle des Wissens und Nichtwissens gefoltert wurden; ihnen ... [war] das Recht auf Kommunikation belassen, und sie konnten weiterhin getrost ihren fünf Sinnen trauen.«[20] Da auch freundschaftliche Gesten Mißtrauen weckten, verkam die vielzitierte Soldatenkameradschaft bei den Grenztruppen zu einer Farce. Die Grenzsoldaten im Grundwehrdienst mußten erfahren, »daß es gegen die Staatsmacht keine Gruppensolidarität ... gibt«[21]. Mit dem Schießbefehl nahm die Atomisierung perverse Ausmaße an: Die Grenzsoldaten waren bei einer Fahnenflucht mögliche Opfer; denn die zurückbleibenden »Kameraden« hatten den Auftrag, auf alle Grenzverletzer zu schießen.

Kaum ein Soldat besaß Nerven wie Stahlseile. Daß dieser

»Grenzalltag« einen psychischen Druck erzeugte, der bis ins Pathologische wachsen konnte, liegt auf der Hand. Nicht wenige junge Menschen zerbrachen daran. Sie dürfen nicht übersehen werden, wenn von den Opfern des Grenzregimes der DDR gesprochen wird.

Soldaten als Opfer des Grenzregimes der DDR

Im Militärarchiv Dahlwitz-Hoppegarten finden sich unter der Rubrik »Verstöße gegen Befehle und Dienstvorschriften« Fernschreiben über Suizidversuche von Grenzsoldaten. Von Dezember 1983 bis November 1988 wurden insgesamt 122 Suizidversuche aktenkundig festgehalten. Das ergibt einen jährlichen Durchschnitt von 24 Selbstmordversuchen. Zu 95 Fällen wurden genauere Angaben übermittelt. Ungefähr jeder vierte Selbstmordversuch stand mit dem rigiden Grenzregime direkt oder indirekt in Zusammenhang. Zu den häufigsten Motiven gehörten Wehrdienstverweigerungen, Ängste, Überlastung im Grenzdienst, Schikane, wie die folgenden typischen Fälle* zeigen.[22] Mit hoher Wahrscheinlichkeit gehörten die fast immer als »charakterschwach« bezeichneten Soldaten vor ihrer Tat zu den »personellen Schwerpunkten« der Spitzel.

»Am 23. 04. 88 gegen 10.00 Uhr beging der Soldat Färber, Klaus auf der Toilette ... mittels Strang einen Suizidversuch. Soldat Färber hatte am 22. 04. 1988 genehmigten Ausgang am Standort, bei dem er sich einem übermäßigen Alkoholgenuß hingab. Durch schnelles Handeln des eingesetzten Diensthabenden ... wurde der Selbsttötungsversuch verhindert. Soldat Färber ist seit seiner Einberufung politisch labil, inkonsequent und hat bereits vorher Selbstmordgedanken geäußert ... Begünstigend wirkte seine Stimmungsabhängigkeit, die ... bei ihm zur Selbstaufgabe führt und der übermäßige Alkoholgenuß vom Vortage. Soldat Färber wurde in den Bereich der ärztlichen Betreuung überführt; er erlitt bei seinem Selbstmordversuch keine Körperverletzungen. Durch die 520 von Schnitt-

* Namen geändert.

blume wird eine Einweisung in die MMA am 27. 04. 88 veranlaßt.«

»Am 29. 05. 88, um 17. 20 Uhr unternahm der Soldat Lehmann (19 Jahre) ... in der Toilette der Untersuchungshaftanstalt Erfurt einen Selbsttötungsversuch. Mit einer Rasierklinge fügte er sich am linken Handgelenk eine ... Schnittwunde zu. – Soldat Lehmann hatte in der Einheit Absichten von Wehrdienstverweigerung und Suizidgedanken geäußert. Er befand sich vom 13. 05. bis 23. 05. 88 zur psychiatrischen Begutachtung im Bezirkskrankenhaus für Psychiatrie und Neurologie Mühlhausen. Von dort entfernte er sich unerlaubt. Im Rahmen eingeleiteter Fahndungsmaßnahmen wurde er am 27. 05. in Karl-Marx-Stadt festgenommen, zurückgeführt, mit 10 Tagen Arrest bestraft und am 26. 05. in die Untersuchungshaftanstalt Erfurt eingeliefert.« Nach seinem Selbstmordversuch wurde »die Einweisung in die geschlossene neurologische Abteilung der MAE-Erfurt« befohlen.

Ein Unteroffizier, der wie seine Freundin einen Ausreiseantrag stellen wollte, schoß sich am 22. Juli 1988 mit der MPi in den Kopf, weil er als Träger von militärischen Dienstgeheimnissen keine Genehmigung erhalten hätte. Er starb an der Schußverletzung.

»Am 17. 10. 88 gegen 11.15 Uhr [fügte sich] mit einer Rasierklinge Unterleutnant Bertold am rechten Unterarm 3 Schnitte von ca. 2,5 Zentimeter Länge zu.« Bertold »befand sich zu diesem Zeitpunkt in einem depressiven Zustand und begründete seine Handlung mit fehlender Eignung, seine ... Pflichten als Zugführer zu erfüllen, und Angst vor militärischen Aufgaben als Vorgesetzter«. Er wurde ins »Krankenhaus Wernigerode« eingewiesen. Für die Nachbehandlung wurde eine »neurologische Vorstellung« befohlen.

Unteroffizier Hansen versuchte sich am 14. 10. 1988 mit einer Rasierklinge die Pulsadern aufzuschneiden. Laut Akten lag die Ursache in der »sensiblen Persönlichkeitsstruktur« des Soldaten; er habe häufig über Heimweh geklagt. Soldat Hansen überlebte den Selbstmordversuch.

Einer der tragischsten Fälle war der Selbstmord des Gefreiten Bruns: »Am 14.11.87 ... wurde der Gefreite Bruns, Mario innerhalb des Objektes des GAR-11 tot aufgefunden. Gefreiter Bruns war als Leiter des Kontrolldurchlasses der Objektwache des GAR-11 ... eingesetzt. Am 14.11.87, 00.45 Uhr verließ Gefreiter Bruns das Wachlokal mit der geäußerten Absicht, die Wachposten zu kontrollieren. Gegen 1.00 Uhr wurde durch die Wachposten ein Knall gehört. Im Ergebnis der eingeleiteten Suche wurde Gefr. Bruns 03.45 Uhr tot aufgefunden. Aus zwei hinterlassenen Briefen lassen sich Selbsttötungsabsichten auf Grund ... eines Übersiedlungsantrages seiner Eltern in die BRD ableiten.«

Der Abschiedsbrief offenbart die Hintergründe des Geschehens: »Diesen, meinen letzten Brief schreibe ich in größter Erregung. Ich fühle mich wie ein Pulverfaß, dem nur noch ein Zündfunke fehlt um zu explodieren. Und dieser könnte in nächster Zeit kommen. ... Ich fühle mich in dieser Welt von allen Seiten verraten und betrogen. Die eine Seite sind meine Eltern, die durch ihren Entschluß, aus der DDR auszusiedeln, mir ... meine Geschwister entziehen. ... Auch komme ich mich von einer zweiten und dritten Seite verraten vor. Die zweite Seite ist die OHS [Offiziershochschule] der GT in Suhl. Da hat man mir doch glatt empfohlen, konkret durch den OSL [Oberstleutnannt] Kahl, daß Entpflichtungsgesuch zu schreiben. Ich wurde gleich ... für drei Wochen aus der Ausbildung ausgeschlossen und meine Waffe wurde auch gleich abgeliefert. Die dritte Seite ist für mich natürlich der absolute Gipfel. Aus freien Stücken fuhr ich nach Berlin, weil ich in dem Glauben war, durch meine Dienste in den Reihen der Staatssicherheit, evtl. im kapitalistischen Ausland arbeitend, unserem sozialistischen Vaterland dienen zu können. Aber ich wurde gleich eines Besseren belehrt. Ich wurde ... vom Leiter der Abwehr, einen Oberst im Grenzkommando Mitte, behandelt und zur Übernachtung eingeladen. (Nach diesem Aufenthalt fuhr ich ohne konkrete Ergebnisse zurück nach Suhl.) Doch was empfängt mich wieder in Suhl? Drei Tage waren, in Form von Arrest, die Belehrung für meinen guten Willen. ... Natürlich wußte keiner so richtig Bescheid, und so konnte ich mich nicht beschweren ohne den Oberst in Berlin zu erwähnen. Ich wendete mich bittend um Rat an oben Genannten, aber keine Antwort. ... Ich bin rundum von dieser Welt enttäuscht und besitze keinen Lebenswillen mehr. Ich habe schon seit längerem mich mit dem Gedanken an Selbstmord getragen und weiß durchaus, daß diese Lösung meiner Probleme kein geeigneter Ausweg ist. Deshalb verachte ich mich selbst. Hier mein letzter Wille ... Ich wünsche keine Bestattung. Meine Asche soll in Jena ... verstreut werden.«

Im Abschlußbericht der Grenztruppen heißt es zu dem Vorfall: »Am 14. 11. 87, gegen 00.55 tötete sich Gefreiter Bruns mit seiner Mpi ... durch einen Feuerstoß von 2 Schuß in den Kopf. Das Wehrdienstverhältnis wurde umgewandelt [zum Soldaten im Grundwehrdienst], weil seine Eltern ... und die drei jüngeren Geschwister ... einen Antrag zur Übersiedlung in die BRD gestellt hatten. Gefreiter Bruns hatte an der OHS erklärt, daß er die Kontakte zu seiner Familie bei ihrer Abreise in die BRD nicht abbrechen will. ... Die bevorstehende Trennung von seinen Eltern und jüngeren Geschwistern, besonders von seiner fünfjährigen Schwester, ließen ihm seine Zukunft aussichtslos erscheinen. ... Die Monotonie des Dienstes im ... Wachzug belastete ihn psychisch. Er fühlte sich dienstlich überbelastet.«

Der Schießbefehl und die
»Mauerschützenprozesse«

> Der Widerspruch des positiven Gesetzes zur Gerechtigkeit muß so unerträglich sein, daß das Gesetz als »unrichtiges Recht« der Gerechtigkeit weichen muß.
> *Gustav Radbruch*

Nach dem 3. Oktober 1990 erstreckte sich die Gerichtsbarkeit der Bundesrepublik auch auf die neuen Bundesländer. Im Rahmen der juristischen Aufarbeitung von DDR-Unrecht forderten Angehörige der Opfer von Gewalteinwirkungen an der innerdeutschen Grenze, zahlreiche Bürgergruppen und -vereine, Vertreter von Parteien und Mitglieder der Regierung auch die Bestrafung der Verantwortlichen des Grenzregimes. Bei der Staatsanwaltschaft II sind 265 Fälle registriert, in denen Menschen durch Schußwaffengebrauch, Minen und Selbstschußapparate zu Tode kamen. Bis März 1999 wurde in 106 Fällen Anklage erhoben, 95 Personen hat das Gericht rechtskräftig verurteilt: 13 Mitglieder der politisch-militärischen Führung und zwei Angehörige der Grenztruppen erhielten Freiheitsstrafen, 11 Mitglieder der politisch-militärischen Führung und 69 Angehörige der Grenztruppen Freiheitsstrafen mit Bewährung. 51 Angehörige der Grenztruppen wurden freigesprochen.[1]

In der DDR waren Grenzsoldaten selbst dann nicht angeklagt worden, wenn sie gegen die jeweiligen Bestimmungen zum Schußwaffengebrauch verstoßen und z. B. einen Flüchtling nach erfolgter Festnahme erschossen hatten. Wie konnte es zu diesen Urteilen kommen, wenn laut Einigungsvertrag von DDR-Bürgern begangene Straftaten nach dem in der DDR geltenden Recht beurteilt werden sollen?

Eine Straftat ist nach höchstens 30 Jahren verjährt (außer Mord und Völkermord), die bundesdeutschen Staatsanwälte verfolgten auch Fälle aus den 50er Jahren, da die Verjährungsfrist für Gewalttaten an der innerdeutschen Grenze 1990 außer

Kraft gesetzt wurde mit der Begründung, daß diese Straftaten zu DDR-Zeiten juristisch nicht geahndet werden konnten.[2]

Bevor auf das erste Mauerschützenurteil des Bundesgerichtshofs eingegangen wird, sollen Zitate aus Dienstvorschriften für Polizeikräfte und Grenztruppen in der SBZ/DDR geltendes Recht in Erinnerung rufen.

In der von Marschall Sokolowskij 1946 erlassenen Richtlinie war ausgeführt, wann Grenzpolizeiangehörige von der Waffe Gebrauch machen »dürfen«. (Vgl. S. 173)

1952 ordnete das MfS im Zuge der »Einführung einer besonderen Ordnung an der Demarkationslinie« an: »Das Überschreiten des 10 m Kontrollstreifens ist für alle Personen verboten. Personen, die versuchen, die Grenze in Richtung der Deutschen Demokratischen Republik oder Westdeutschland zu überschreiten, werden von den Grenzkontrollstreifen festgenommen. Bei Nichtbefolgung der Anordnungen der Grenzstreifen wird von der Waffe Gebrauch gemacht.«[3]

In der »Schußwaffengebrauchsvorschrift für die Angehörigen der HVDVP« vom Oktober 1953 hieß es: »Die Waffenträger haben von der Waffe dann Gebrauch zu machen, wenn der Schutz unserer demokratischen Ordnung oder die öffentliche Ordnung und Sicherheit mit anderen polizeilichen Mitteln nicht mehr gewährleistet werden kann oder die Anwendung der Waffe aus Notwehr im Sinne des § 53 StGB erforderlich ist.« Konkrete Anwendungsbestimmungen folgten.

In Kapitel XI der Dienstvorschrift für den Dienst der Grenzposten aus dem Jahr 1958 wurde noch wesentlich detaillierter ausgeführt, wann Grenzpolizisten zur Anwendung der Waffen »verpflichtet« waren bzw. wann die Anwendung von Schußwaffen »verboten« war.

»Zur weiteren Sicherung der Staatsgrenze der Deutschen Demokratischen Republik« erließ der Minister für Nationale Verteidigung Heinz Hoffmann im Oktober 1961 den Befehl Nr. 76/61. Für die Wachen, Posten und Streifen der Grenztruppen der NVA galten ab sofort erweiterte Bestimmungen über den Schußwaffengebrauch. Sie waren »verpflichtet«, die Schußwaffen anzuwenden »zur Festnahme, Gefangennahme oder zur Vernichtung bewaffneter Personen oder bewaffneter Banditengruppen, die in das Gebiet der DDR eingedrungen sind bzw. wenn sie die Grenze nach Westen zu durchbrechen versuchen, wenn sie die Aufforderung zum Ablegen der Waffen nicht befolgen oder sich ihrer Festnahme oder Gefangennahme durch Bedrohung mit der Waffe oder Anwendung der Waffe zu entziehen versuchen; ... zur Festnahme von Personen, die sich den Anordnungen der Grenzposten nicht fügen, indem sie auf Anruf ›Halt – stehenbleiben – Grenzposten‹ oder nach Abgabe eines Warnschusses nicht stehenbleiben, sondern offensichtlich versuchen, die Staatsgrenze der Deutschen Demokratischen Republik zu verletzen und keine andere Möglichkeit zur Festnahme besteht«.[4]

Ein Handbuch für den Grenzdienst führt 1978 über die Benutzung der Schußwaffe aus: »Bei der vorläufigen Festnahme ist das Überraschungsmoment auszunutzen. Grenzverletzer sind mit dem Anruf ›Halt – Grenzposten – Hände hoch!‹ festzunehmen. Vor dem Anruf ist die Waffe durchzuladen und zu sichern. Kommen Grenzverletzer diesen Aufforderungen nicht nach, ist die vorläufige Festnahme zu erzwingen ... Die Anwendung der Schußwaffe [erfolgt] entsprechend den Bestimmungen zum Gebrauch von Schußwaffen.«[5]

§ 27 des Grenzgesetzes vom Mai 1982 schränkte die bis dahin gültigen Anweisungen ein: »Die Anwendung der Schußwaffe ist die äußerste Maßnahme der Gewaltanwendung gegenüber Personen. Die Schußwaffe darf nur in solchen Fällen angewendet werden, wenn die körperliche Einwirkung ohne oder mit Hilfsmitteln erfolglos blieb ... Die Anwendung der Schußwaffe ist gerechtfertigt, um Zuruf oder Abgabe eines Warnschusses anzukündigen, sofern nicht eine unmittelbar bevorstehende Gefahr nur durch die gezielte Anwendung der Schußwaffe verhindert oder beseitigt werden kann.«[6]

1989 gab die politische Verwaltung der Grenztruppen ein »Grundsatzmaterial« unter dem Titel »Der Klassenauftrag und die Befugnisse der Grenztruppen der DDR zum Schutz der Staatsgrenze« heraus. Darin wurde § 27 des Grenzgesetzes wie folgt kommentiert:

»Bei der Anwendung von Schußwaffen ... gegenüber Personen ist in jedem Falle zu beachten: Die Straftat muß sich den Umständen nach als Verbrechen darstellen ... Das hat u. a. zur Voraussetzung, der Straftäter ...
- begeht die Staftat mit besonderer Intensität, z. B. durch das Benutzen von Kraftfahrzeugen u. a. Technik, Zerstören von Grenzsicherungsanlagen,
- strebt den ungesetzlichen Grenzübertritt gemeinsam mit anderen an ...
- versucht, sich der Überprüfung und Festnahme durch Widerstand oder durch Flucht zu entziehen.«[7]

Diese Beispiele zeigen, daß die Bestimmungen über den Gebrauch der Schußwaffen im Zuge der Veränderungen des Grenzregimes modifiziert wurden. Republikflucht war laut DDR-Gesetzbuch eine Straftat. Deshalb hätten die Mauerschützen in der Regel nach positiv geltendem DDR-Recht freigesprochen werden müssen. Wie bereits erwähnt, verurteilten die Richter jedoch etwa zwei Drittel der Angeklagten rechtskräftig. Dazu gehören auch die beiden ehemaligen Grenzsoldaten W. und H.:

»Der zwanzigjährige S. versuchte am 1. Dezember 1984 gegen 3.15 Uhr die Grenzanlagen in Berlin mit einer 4 m langen Leiter zu überwinden. Der damals zwanzigjährige Unteroffizier W. und der damals dreiundzwanzigjährige H. hielten auf einem 130 m entfernten Turm Wache. Sie erblickten S. erstmals, als er die 3,25 m hohe hintere Mauer erklommen hatte. S. hatte jetzt noch den 29 m breiten Grenzstreifen mit einem 2,50 m hohen Drahtzaun ... und die 3,50 m hohe eigentliche Grenzmauer zu überwinden. Der Unteroffizier W. schickte den Soldaten H. auf den Grenzstreifen und rief dem Flüchtling S...., daß er stehenbleiben solle. Doch auch als W. von seinem Turm aus kurze Feuerstöße über den Flüchtling hinwegschoß, lief dieser weiter. Als S. seine Leiter an die Grenzmauer lehnte und sich anschickte, sie zügig zu besteigen, war den beiden Grenzsoldaten klar, daß sie die Flucht des S., wenn überhaupt, nur noch durch gezieltes Feuer verhindern konnten. H. gab ... aus etwa 110 m Entfernung in mehreren Feuerstößen insgesamt 25, W. aus etwa 150 m Entfernung von seinem Postenturm aus, ebenfalls mit Dauerfeuer, 27 Schüsse auf S. ab. Beide zielten auf die Beine. Sie wußten aber, daß, insbesondere wegen des Dauerfeuers, die Möglichkeit eines tödlichen Treffers bestand. Auch um diesen Preis wollten sie die Flucht verhindern. – Der Flüchtling S. wurde etwa fünf Sekunden nach Eröffnung des Feuers, als er seine Hand bereits auf die Krone der Mauer legte, in das linke Knie und den Rücken getroffen. Die Bergung des Verletzten lag nicht mehr in den Händen der Schützen. S. wurde erst nach mehr als zwei Stunden in ein Krankenhaus eingeliefert und starb dort um 6.20 Uhr. Bei unverzüglicher ärztlicher Hilfe hätte er gerettet werden können.«[8]

Die Richter verurteilten den zur Tatzeit 20jährigen W. zu einer Jugendstrafe von einem Jahr und sechs Monaten; der damals 23jährige H. erhielt eine Freiheitsstrafe von einem Jahr und neun Monaten. Die Vollstreckung der Urteile wurde zur Bewährung ausgesetzt. Der Bundesgerichtshof bestätigte diese Urteile.

Bei der Begründung stützten sich die Richter u. a. auf die Radbruchsche Formel und den Internationalen Pakt über bürgerliche und politische Rechte. Gustav Radbruch als Vertreter des naturrechtlichen Ansatzes hatte nach dem Zweiten Weltkrieg das in einem Staat geltende Recht auf moralische Werte zurückgeführt: »Der Konflikt zwischen der Gerechtigkeit und der Rechtssicherheit dürfte dahin zu lösen sein, daß das positive ... Recht auch dann den Vorrang hat, wenn es inhaltlich ungerecht ... ist, es sei denn, daß der Widerspruch des positiven Gesetzes zur Gerechtigkeit ein so unerträgliches Maß erreicht, daß das Gesetz als ›unrichtiges Recht‹ der Gerechtigkeit zu weichen hat.«[9]

Mit der Anwendung der Radbruchschen Formel hatten die Richter ausnahmsweise eine Abwägung zwischen dem naturrechtlichen und dem positivistischen Rechtsverständnis vorgenommen und dem Naturrecht im konkreten Fall den Vorrang gegeben. Dem rechtspositivistischen Ansatz zufolge wird Recht mit den in einem Staat vom Gesetzgeber geschaffenen Rechtsnormen gleichgesetzt. Zugespitzt bedeutete dies: Hätte es in der DDR ein Gesetz gegeben, das die Anwendung der Schußwaffe auf alle fluchtwilligen Menschen befahl, selbst wenn diese sich freiwillig ergaben, so wäre das korrekt und unanfechtbar gewesen.

Der BGH befand, im Fall von W und H habe ein derart »unerträgliches Maß von Unrecht« vorgelegen, daß das Naturrecht Vorrang vor der DDR-Rechtsprechung erhalten mußte. Sie kamen zu dem Schluß: »Die Tötung eines unbewaffneten Flüchtlings [war] ein derart schreckliches und jeder vernünftigen Rechtfertigung entzogenes Tun ..., daß der Verstoß gegen das Tötungsverbot auch für einen indoktrinierten Menschen ohne weiteres einsichtig, also offensichtlich war.«[10] Diese Begründung hatte richtungsweisenden Charakter für die weitere Rechtsprechung.

Die Richter argumentierten, die Grenzsoldaten hätten die Anwendung der Schußwaffe als eine unmoralische Handlung bewerten und sich über die Gesetze hinwegsetzen müssen. Der in Brüssel lehrende Rechtsgelehrte Robert Alexy erklärte dazu: »Es gibt ... das Phänomen der moralischen Blindheit, die erst wie Schuppen von den Augen fallen muß, damit das evident erscheint, was an sich für jedermann evident ist. Vieles spricht dafür, daß eine solche moralische Blindheit bei zahlreichen jungen Grenzsoldaten vorlag ... Sollte dies zutreffen, so waren sie freizusprechen ...«[11] Ein solches juristisches Verständnis empört nicht nur die Hinterbliebenen der Opfer: Kann es ein größeres Verbrechen geben als die Tötung eines wehrlosen Menschen?

Moral stellt immer ein System von Geboten und Verboten dar. »In echten moralischen Entscheidungen stehen Werte ... unvereinbar gegeneinander, die man beide vertritt ... Das macht ein moralisches Problem zu einem echten Dilemma.«[12] Jeder Grenzsoldat mußte selbst entscheiden, ob er auf einen Flüchtling das Dauerfeuer eröffnet oder nur einzelne Schüsse abgibt und dabei absichtlich danebenzielt oder gar nicht schießt. Viele brachte der Konflikt zwischen persönlicher Überzeugung, Schießbefehl und dem Recht des Flüchtlings auf Leben in Gewissensnot.

Das eigentlich Unfaßbare der Toten an der innerdeutschen Grenze brachte die Autorin Ingrid Schöpflin aus dem Landkreis Oder-Spree in ihren Gedanken zum zweiten Mauerschützenprozeß am 6. Februar 1992 zum Ausdruck:

»Ich bin bei der Küchenarbeit und lese nebenbei in der Zeitung: ›... der Beschuldigte Uwe Hapke, 30 Jahre alt‹ – damals also 23 –, ›der Mitangeklagte Udo Walter, 27 Jahre alt‹ – damals 20 –, ›haben den zwanzigjährigen Horst-Michael Schmidt‹ – der Tote ist 20 Jahre alt geblieben – ›durch einen Schuß in den Rücken getötet‹.

Wie war das damals wohl abgelaufen?

Uwe und Udo heben das Gewehr hoch und schießen auf Horst-Michael. Ein Schuß oder zwei treffen ihn in den Rücken. Er hat noch eine Stunde gelebt.

Hat er geschrien?

Haben sie ihn gehört?

Haben sie einander angesehen?

Wer hat ihnen eingeprägt: Wer wegläuft, auf den wird scharf geschossen? Halten sie das für richtig? Sind sie froh und stolz auf ihren ›Erfolg‹? Was bewegt sich in ihren Köpfen? Der Gedanke: Das hat er davon, er wußte ja, was ihn erwartet. Oder: Was habe ich da getan?

Die Stunde ist endlos. Nässe, Kälte, Dunkelheit. Weiß er, daß er nun stirbt? Ruft er die Jungs, die noch irgendwo in der Nähe stehen müssen? Niemand der ihn anfaßt. – Niemand sagt ein Wort.

Wo fängt das Verbrechen an? Welchen Anteil hat der Staat, der seiner Jugend als Soldaten befiehlt, auf Republikflüchtlinge zu schießen? Wann muß angefangen werden, Widerstand zu leisten?

Beim Fahneneid ist es zu spät.«[13]

Aufgaben der DDR-Grenztruppen im dritten Weltkrieg
(Szenario)

> Der normale Mensch mit
> außergewöhnlicher Macht
> ist die Hauptgefahr der Menschheit,
> nicht der Unhold oder der Sadist.
> *Erich Fromm*

Klaus-Dieter Baumgarten, 1979–1989 Chef der DDR-Grenztruppen, entwickelte 1963 während seines Studiums an der sowjetischen Militärakademie ein Szenario über »Die Handlungen einer Grenzbrigade der NVA in der ersten Operation der Anfangsperiode eines Krieges«. Da sein Konzept exemplarisch für Planspiele im Kalten Krieg ist, sollen hier einige Auszüge zitiert werden.

Baumgarten prognostizierte eingangs: »Ein zukünftiger Weltkrieg wird ... zum entscheidenden Zusammenstoß der beiden sich gegenüberstehenden Gesellschaftssysteme – des sozialistischen und kapitalistischen Gesellschaftssystems – führen, d. h., der Krieg wird auf beiden Seiten ein Koalitionskrieg sein. Er wird die ganze Welt umfassen. In ihn werden alle Staaten und Völker hineingezogen werden.«*

Die positive Wirkung des Blitzkrieges sah er »durch die Erfahrungen des 2. Weltkrieges bestätigt, in dem eine Reihe von europäischen Staaten – Polen, Norwegen, Jugoslawien – innerhalb kurzer Zeit eine Niederlage erlitten, ohne den Heeren des faschistischen Deutschlands ... ernsthaften Widerstand geleistet zu haben«. »Heute ist man der Ansicht, daß ein zukünftiger Krieg mit überraschenden gewaltigen Schlägen mit Massenvernichtungsmitteln auf die ... Basen ... für Atomwaffen ... und die ... politischen Zentren ... des Gegners beginnen wird. ... Während der Führung dieser Schläge erfolgt die Invasion der Landstreitkräfte aus der Bewegung. Dadurch werden

---

* Alle Zitate sind der Akte GT-Ü-91, Nr. 9032, Kommando der Grenztruppen entnommen.

Bedingungen für die Erreichung solch umfangreicher Ergebnisse geschaffen, die schon in der Anfangsphase den ... Ausgang des Krieges ... entscheidend beeinflussen.«

Baumgarten hielt folgende Kriegsvarianten für möglich:

»1. Variante – unmittelbarer überraschender Überfall auf die sozialistischen Staaten mit Führung von massierten Kernwaffenschlägen ...

2. Variante – Entfesselung eines lokalen Krieges und seine Ausdehnung auf das Territorium anderer Staaten, darunter auch das Territorium Deutschlands ...

3. Variante – Entfesselung eines Krieges durch konterrevolutionäre Handlungen innerhalb der DDR, verbunden mit einer Aggression von außen, d. h. mit einem Angriff vom Territorium der deutschen Bundesrepublik.«

Baumgarten bewertete wie die SED-Führung jeden Volksaufstand in einem Land des Warschauer Pakts als ein Werk des Imperialismus: »Bei der Entfesselung ... eines Krieges durch konterrevolutionäre Ereignisse innerhalb der DDR, verbunden mit einer Aggression von außen, ist es wahrscheinlich, daß dem unmittelbaren Kriegsanfang eine ... Gefahrenperiode vorausgeht. Dadurch wird die Möglichkeit geschaffen, die Truppenteile der Grenzbrigade rechtzeitig in erhöhte Gefechtsbereitschaft zu versetzen. ... Konterrevolutionäre Handlungen innerhalb der DDR werden ... überraschend entstehen, wobei gleichzeitig Banden ... vom Territorium der deutschen Bundesrepublik einfallen werden. Das Ziel dieser Angriffe wird darin bestehen, die lokalen Handlungen der Konterrevolution zu unterstützen. ... Der ... Putsch in Ungarn, die Putschversuche in der DDR und Polen sowie die heutige Handlungspraxis des Gegners zeigen eindeutig, daß die Grenztruppenteile ständig bereit sein müssen.«

»Ihrem Charakter nach werden Operationen der Anfangsperiode des Krieges mit der größten Entschlossenheit, größter Härte und mit größten Zerstörungen geführt und machen die Einbeziehung einer größtmöglichen Anzahl von Kräften ... erforderlich.« Den Grenztruppen der DDR komme eine besondere Verantwortung zu, denn sie »sichern nicht nur die Staatsgrenze ihrer Heimat vor den Anschlägen der Imperialisten, sondern sie stehen auch an der vordersten Linie des sozialistischen Lagers«.

Der Militärexperte hielt herkömmliche Gefechte nach einem Atomwaffenbeschuß für möglich und sinnvoll. Den Grenztruppen räumte er dabei eine Schlüsselstellung ein: »Die Vorteile ... der Grenzsoldaten bestehen in ihrer Kenntnis des wahrscheinlichen Gegners, der Bevölkerung im eigenen und angrenzenden Grenzstreifen sowie der Besonderheiten des Geländes. Sie sind in der Lage, mit geringen Kräften komplizierte Gefechtaufgaben ... bei der Gewährleistung eines schnellen Überwindens der Grenzzone durch die eigenen Truppen zu lösen.« Durch gegnerische »Kernwaffenschläge können einige Einheiten ... vernichtet werden oder große Verluste erhalten. ... Die bewaldeten Räume – Thüringer Wald und Harz – können in Brand geraten, was die Führung von Gefechtshandlungen durch die Grenzbrigade ... sehr erschweren würde. ... Im Frieden können nicht die Bedingungen geschaffen werden, bei denen die Menschen die Wirkung der Kernwaffe an sich selbst spüren. Darum kann der überraschende massierte Einsatz von Kernwaffen durch den Gegner beim Personalbestand außer Ausfällen durch Verwundung und Tod auch noch schwere moralische Erschütterungen, einschließlich Panik, erzeugen.« Was für ein Horrorszenario!

Vom »Sieg« der sozialistischen Truppen überzeugt, entwickelte Baumgarten detaillierte Strategien: »In einzelnen Richtungen, wo der Angriff unserer Truppen mit Kriegsbeginn nicht vorgesehen ... ist, werden unsere Truppen gezwungen sein, zeitweilig zur Verteidigung überzugehen. Das Ziel dieser Verteidigung wird es sein, die angreifende gegnerische Gruppierung zu vernichten, unser Territorium zu halten und Bedingungen zu schaffen, die einen Übergang unserer Truppen zum entschlossenen Angriff auch in diesen Richtungen ermöglichen. ...

Die Gefechtshandlungen werden in der Anfangsperiode eines Krieges außerordentlich beweglich, angespannt und schnell sein. Unsere Truppen werden ... unter starker Einwirkung der

Raketen und Luftwaffe des Gegners, bei massiertem Einsatz von Panzern, Artillerie und anderer moderner Kampftechnik sowie bei Handlungen von Luftlandeeinheiten ... im eigenen Hinterland handeln müssen. ... Das Wichtigste wird in dieser Zeit darin bestehen, ein schnelles Eindringen der Landstreitkräfte des Feindes auf unser Territorium zu verhindern [und] ... mit allen Kräften und Mitteln den organisierten Vormarsch ... unserer Truppen in die Schlacht zu ermöglichen. ... Die Grenzbrigade ist der Grundverband der Grenztruppen der DDR. ... Im Frieden erfüllt die Grenzbrigade die Gefechtsaufgabe zur Sicherung ... der Staatsgrenze. Die Länge des zu sichernden Abschnittes kann bis zu 150–190 km betragen. ... Bei Beginn der Gefechtshandlungen wird durch die von den Einheiten der Brigade geführten Diversionshandlungen im Hinterland des Gegners ein bestimmter Teil seiner Kernwaffenmittel, Führungsstellen, Nachrichtenmittel ... zerstört ... Die Grenzbrigade ist ein Verband der Grenztruppen, der aus 3–4 Grenzregimentern, 1–2 Panzerkompanien und Spezialeinheiten besteht. Die Brigade ist mit allen Arten der modernen Schützenwaffen sowie mit einer ausreichenden Anzahl von Panzerabwehrmitteln ausgerüstet. Alle Truppenteile ... sind vollständig motorisiert ... Im Vergleich zu ähnlichen Verbänden der kapitalistischen Staaten hat die Brigade eine höhere Beweglichkeit und eine größere Stoß- und Feuerkraft.

Das Zusammenwirken zwischen den angreifenden Verbänden der Artillerie, den Luftstreitkräften und den Grenztruppenteilen wird vom Oberbefehlshaber der Armee nach Aufgaben, Abschnitten und Zeit organisiert. ...

Bei der eindeutigen Gefahr der Entfesselung von Gefechtshandlungen ... oder eines entsprechenden Befehls des MfNV wird die Brigade aus der Unterstellung des Kommandos der Grenztruppen herausgenommen und dem Oberbefehlshaber der Armee unterstellt.«

Die Kampfhandlungen der »Grenzbrigade beginnen unmittelbar nach ... der Führung von Kernwaffenschlägen. In dieser Zeit werden sich die allgemeinen Verbände zügig in Richtung Grenze bewegen, damit sie schnell die Räume ihrer Kernwaffenschläge erreichen und die Zerschlagung des Gegners auf seinem Territorium vollenden. ...

Nach dem erfolgreichen Angriff der 1. Staffel der Armee und dem Nachlassen der Anspannung der Gefechtshandlungen in unmittelbarer Nähe der Staatsgrenze wird die Grenzbrigade die Aufgabe haben, die ... eingetretenen Veränderungen im Schutz der Staatsgrenze unverzüglich zu beseitigen ... Zu den ... neuen Aufgaben können z. B. gehören: ... die Notwendigkeit, neue Grenzbrigaden zu organisieren, die die Aufgaben haben werden, sofort nach der Besetzung des Territoriums der Bundesrepublik den Grenzschutz zwischen Westdeutschland und den benachbarten kapitalistischen Staaten zu organisieren.« Mit anderen Worten: Das Kampfziel war ein sozialistisches Gesamtdeutschland.

In den 60er Jahren folgte Baumgarten der Doktrin vom »gesetzmäßigen Sieg« des Sozialismus über den Kapitalismus blind: »Die imperialistische Koalition wird eine Niederlage erleiden. ... Der Imperialismus als verfaulende, überlebte und allen Völkern verhaßte Gesellschaftsordnung wird untergehen. Das ergibt sich aus dem Gesamtverlauf der Entwicklungsgeschichte der menschlichen Gesellschaft.«

Am 9. November 1989 erteilte er als Chef der Grenztruppen keinen Befehl, die Öffnung der Grenzen zu verhindern. Inzwischen wurde er wegen seiner Mitverantwortung für die Toten an Mauer und Stacheldraht zu sechseinhalb Jahren Haft verurteilt.

Ausblick: Grenzen im 21. Jahrhundert

> Tonight my bag is packed
> Tomorrow I walk these tracks
> That will lead me across the border ...
>
> *Bruce Springsteen*

Bevor auf internationale Grenzkonflikte eingegangen wird, zunächst ein Bericht aus eigener Erfahrung:

Den über zweieinhalb Meter hohen Grenzsignalzaun habe ich oft eingehend betrachtet, auch den sorgfältig geharkten Spurenstreifen davor. Kein Gärtner hätte dies besser tun können. Da dieser »Gartenzaun« ca. 1400 Kilometer lang war, bedurfte es Tausender uniformierter Gärtner mit Harke und Kalaschnikow. Der Zaun zog sich als ein Fremdkörper durch Berge und Täler, Wälder, Fluren und Ortschaften. Er wirkte wie ein Phantom aus einer anderen Welt, doch er war sehr real. Seine Stacheln hatten vielen Menschen Wunden zugefügt, auch mir und anderen, die ihn bewachen mußten. Die Weltraumfahrer hatten ihn aus dem Kosmos als einzige Grenzmarkierung gesichtet.

Mit diesem Meisterwerk zäunte der »Vater Staat« seine Bürger ein, um sie vor dem »bösen Feind« zu beschützen. Wieso war der Zaun, den seine Erfinder »antifschistischen Schutzwall« nannten, »nur« an der DDR-Seite mit Stacheln und Alarmdrähten bestückt, wenn der Feind laut SED-Propaganda im Westen saß? War die Welt verdreht? Der Igel trägt seine Stacheln nach außen, um Angreifer abzuwehren; die Stacheln des DDR-Schutzkleides richteten sich nach innen – auf die eigenen Bürger.

Über die innerdeutsche Demarkationslinie wurde viel geschrieben: Daß die Alliierten sie nach dem Zweiten Weltkrieg installiert haben, daß sie Kommunismus und Kapitalismus voneinander abgrenzte und den Frieden sicherte. All das verlor an der Grenze jegliche Bedeutung. Dort zählte nur eines – die Erfahrung der faktischen Auslöschung menschlicher Vernunft. Diese Barrikade war unmenschlich und doch von Menschen geschaffen, sie war irrational und doch mit äußerster Rationalität errichtet worden, sie war unbegreiflich. Die einzig mögliche

Annäherung an das Wahnsinnsbauwerk bestand im Anstarren, Verinnerlichen und Schweigen.

Die Demarkationslinie zwischen Nord- und Südkorea ist wie einst die innerdeutsche eine »Systemgrenze«, die zudem ein Volk teilt. Die Bevölkerung Nordkoreas leidet unter einer totalitären Führung, die sich auf eine Einheitspartei, eine Geheimpolizei und ein Heer von Grenzsoldaten stützt, einen Schießbefehl erlassen hat, Andersdenkende unterdrückt, die Bevölkerung abschottet und hungern läßt. Jeglicher Besucherverkehr von Nord- nach Südkorea ist verboten, Briefkontakte bzw. Telefonverbindungen bestehen nicht. Der Empfang von Rundfunk- und Fernsehprogrammen des anderen Staates ist sowohl in Nordkorea als auch in Südkorea verboten. Die Entfremdung zwischen Nord- und Südkoreanern ist deshalb wahrscheinlich größer als die zwischen den Ost- und Westdeutschen.

Im 21. Jahrhundert werden weniger Staaten die eigene Bevölkerung aus ideologischen Gründen ins »Gefängnis« sperren als zur Zeit des Kalten Krieges. Dafür entstehen mehr Festungen, mit denen sich die reichen Länder gegenüber den ärmeren abschotten.

Die Europäische Union wird oft als »Festung Europa« bezeichnet. Die Bundesrepublik Deutschland hat an der Grenze zu Polen und Tschechien die am besten ausgerüstete Grenzschutzeinheit im EU-Maßstab aufgebaut, um »Wohlstandsflüchtlinge« aus Osteuropa abzuhalten. Allein im Jahr 1998 wurden 40 201 Personen ermittelt, die die bundesdeutschen Grenzen illegal passierten. Die Tendenz gegenüber den Vorjahren ist trotz moderner Technik steigend. Schleuserbanden kassieren von den Flüchtlingen hohe Schutzgelder.

Das Überwachungssystem an der Grenze zwischen Mexiko und den USA ist noch perfeketer: Dort strömen täglich Flüchtlingtracks aus den verarmten Regionen Lateinamerikas ins Land der »unbegrenzten« Möglichkeiten. Die US-Border-Patrol ist mit Bewegungsmeldern, Jeeps und Wärmebildkameras ausgerüstet, die bei Nacht einen Abschnitt von 20 km kontrollieren.

Auch an der mexikanisch-amerikanischen Grenze müssen die Flüchtlinge ein Niemandsland durchqueren. Die Daten aller dort gefaßten Flüchtlinge werden im Computer gespeichert. Mittels eines ausgeklügelten Systems wird jeder eindeutig identifiziert. Bislang sind 1,5 Millionen Flüchtlinge notiert. Bei wiederholtem Eindringen in das Territorium der USA droht eine Gefängnisstrafe. Die Schmugglerbanden, die pro Flüchtling zirka 1 000 Dollar abkassieren, stehen auf den Fahndungslisten der Border-Patrol, den Bandenführern drohen Freiheitsstrafen bis zu sechs Jahren. Die Gefängnisse sind überfüllt.

Es gibt dort keinen Befehl, der es erlaubt, auf unbewaffnete Menschen zu schießen. Dennoch sind in den letzten fünf Jahren an der mexikanisch-amerikanischen Grenze mehr als 500 Flüchtlinge umgekommen. Sie starben meist an den harten Witterungsbedingungen – im Winter sinkt die Temperatur unter den Gefrierpunkt –, verhungerten und verdursteten.

Mexikanische Menschenrechtsorganisationen verurteilen die Praktiken und beklagen sich bei der amerikanischen Regierung, die jedoch nichts am Grenzregime ändert.

Wer trägt die Verantwortung für den Tod dieser Flüchtlinge, die nicht gestorben wären, wenn es eine durchlässige Grenze gegeben hätte?

Auch Wohlstandsfestungen sind Barrieren, und die Menschenrechte werden nur dann zu verwirklichen sein, wenn nicht mehr 17 Prozent der reichen ersten Welt 83 Prozent der materiellen Weltressourcen verbrauchen wie am Ende des 20. Jahrhunderts.

Damit das Wohlstandsgefälle abgebaut werden kann, bedarf es vieler wirtschaftlicher und politischer Reformen. Für die Koreaner zeichnete sich im Juni 1999 eine Wende ab: Erstmals seit vierzehn Jahren trafen sich ranghohe Politiker aus Nord- und Südkorea zu Gesprächen über eine mögliche Wiedervereinigung. Sie vereinbarten weitere politische Gespräche und die Lieferung von mehreren hunderttausend Tonnen Dünger für die nordkoreanische Landwirtschaft.

Dieses Hoffnungszeichen war nur von kurzer Dauer: Im gleichen Monat ereignete sich erneut ein blutiger Grenzkonflikt im Gelben Meer. Vier nordkoreanische Patrouillenboote drangen in von Südkorea beanspruchte Gewässer ein. Es kam zum Feuergefecht, als die südkoreanische Kriegsmarine die Schiffe zurückdrängen wollte. Nach Angaben Südkoreas hatten die nordkoreanischen Schiffe das Gefecht eröffnet. Bei den Auseinandersetzungen wurden vier südkoreanische Soldaten verletzt, 17 Nordkoreaner mußten vermutlich den Zwischenfall mit dem Leben bezahlen.

In der Hoffnung auf eine baldige friedliche Vereinigung des koreanischen Volkes sei abschließend ein Spruch zitiert, der am Deutschen Haus in der Hansestadt Bremen steht: »Gedenke Deiner Brüder, die das Schicksal unserer Trennung tragen.«

]들의 분단의 아픔을 짊어지고 있는 너의 형제들을 기억하
- 독일의 집 브레멘 -

Danksagung

Ich danke allen, die mich in Archiven, Instituten, Universitäten oder durch ihre Erlebnisberichte über die innerdeutsche Grenze unterstützten: Alexander Berke, Herrn Ernst, Frau Eßmann, Frau Fräse, Jürgen Fuchs, Herrn Fuhl, Hartwig Junius, Alice Krahe, Robert Lebeck, Wilhelm Maaß, Ulrich Mählert, Willi Müller, Ute Noga, Michael Piglowski, Marie-Luise Scherer, Herrn Scherer, Friedrich Schorlemmer, Heiko Steffens, Gerd Turowski, Günter Wallraff, Ludwig Watzal, Klaus W. Wippermann, Herrn Zimmer.

Besonders danke ich Maria Matschuk vom Aufbau-Verlag für ihre Hinweise und Kritik.

Nach der Wiedervereinigung bin ich selten Menschen begegnet, die ähnlich vom Geist der Freiheit beseelt waren wie die Amerikaner zur Zeit der Unabhängigkeitserklärung. Das ist schade. Ich glaube, wirkliche Freiheit speist sich aus der Verantwortung für das Leben. Mahatma Gandhi sagte sinngemäß: Es gibt keine Freiheit ohne Liebe und Wahrheit. Wer dieser Maxime folgt, erhebt sich über sein eigenes Ego und ist im besten Sinne frei. Er ist ein glücklicher Mensch, weil er alles daransetzt, das Leben und die Menschenrechte zu schützen. Kann es ein lohnenderes Ziel im 21. Jahrhundert geben?

Berlin, im Juni 1999 *Dietmar Schultke*

Anschrift des Autors:
c/o Professor Gerd Turowski
Universität Dortmund
Fakultät Raumplanung
44221 Dortmund

Beschreiben, was ist, was war

Gespräch zwischen Günter Wallraff
und Jürgen Fuchs* am 30. 4. 1992

GW: Ich habe so einen Verzögerungstick. Das ist bei mir zwanghaft. Ich kann noch so früh alles planen, ich komme immer zu spät. Und so kam es, daß ich wieder mal viel zu spät meinen Antrag auf Kriegsdienstverweigerung gestellt hatte. Ich hatte es immer wieder verschoben und dachte, och, das wird sich vielleicht auch erübrigen. Es gab ja auch Fälle, wo jemand übersehen wurde. Und dazu kam, daß ich damals vorhatte, in den Dominikaner-Orden einzutreten, obwohl ich kein Kirchgänger war und weder jenseits- noch dogmengläubig, und ich hatte mich dort schon angemeldet. Und dann plötzlich, als es kein Ausweichen mehr gab, hatte ich die Fristen versäumt. Aber ich hatte, bevor man mich einzog, den Antrag gestellt. Heute würde man so jemanden wohl nicht mehr einziehen. Und wie war es bei dir?

JF: Ich bin mit 18 eingezogen worden, und ich hatte eine Schule um mich, Erweiterte Oberschule hieß das, also bis zur zwölften Klasse mit Abitur, und eine sehr intensive Abneigung gegen das Militärische gefaßt. Also einmal gegen das Herummarschieren auf den Schulhöfen bei Fahnenappellen. Und dann war der Direktor noch Offizier in der Kadettenanstalt ge-

---

* Jürgen Fuchs, geb. 1950 in Reichenbach/Vogtland. Abitur, 18 Monate »Grundwehrdienst« bei der Nationalen Volksarmee. 1971–75 Studium der Psychologie in Jena. Veröffentlichungen in Zeitschriften und Anthologien. Seit 1975 Lese- und Publikationsverbot. 1976/1977 politische Haft und Ausbürgerung nach Westberlin, wo er bis zu seinem Tod im Mai 1999 als Sozialpsychologe und freier Schriftsteller lebte. Veröffentlichungen in der Bundesrepublik u. a.: Gedächtnisprotokolle (1977), Vernehmungsprotokolle (1978), Gedichte und Essays, Roman »Magdalena« (1998).

wesen und hatte, wie ich dann hörte, in der HJ auch eine Tätigkeit gehabt. Und dann hat mich das Militaristische doch sehr angeekelt. Zum anderen gab es aber eine scharfe Werbung: Dient länger, werdet Soldat auf Zeit! Mindestens 3 Jahre mußte man dem sozialistischen Vaterland dienen, wenn man studieren wollte, nicht nur 18 Monate, nicht nur den Grundwehrdienst leisten. An Verweigerung oder »Bausoldaten«* oder gar Totalverweigerung mit Knast erst mal gar nicht zu denken.

GW: Hattest du Freunde, die Bausoldaten gewesen sind oder es werden wollten?

JF: Nein. Es war eine Zeit, wo ich kein Vorbild hatte, niemanden, der mir vorgemacht hätte, wie ich zum Beispiel hätte beantragen können, Bausoldat zu werden. Es war das Jahr 68/69, Einmarsch in die Tschechoslowakei, also ein hartes und militärisches Jahr, und die Wehrpflicht war ja auch erst in den 60er Jahren in der DDR eingeführt worden, also es war alles relativ frisch. Nur den Grundwehrdienst mitzumachen, das war schon eine Herausforderung, das war schon etwas, wo man sagte, mit denen, die sich nicht länger verpflichten, muß man gleich mal ein bißchen härter umspringen. Also ist dieser Direktor zum Wehrkreiskommando gegangen und hat eine Liste mit Namen abgegeben, wo ich auch draufstand. Das waren solche mit längeren Haaren und merkwürdigen Ansichten, die sollten gleich zur Armee, damit sie erfahren, wie die Anforderungen der Gesellschaft sind. Also dieser Erziehungsaspekt.

GW: Disziplinierungsanstalt der Nation.

JF: Disziplinierungsanstalt, ja.

GW: Und hat dich auch Lektüre beeinflußt? Bei mir war es

* Bausoldaten: Dienst ohne Waffe in militärischen Einheiten (Flugplatzbau, etc.), auf den Schulterstücken war ein Spaten. Kein sozialer Friedensdienst, wie ihn die unabhängige Friedensbewegung der DDR forderte, sondern ein NVA-Grundwehrdienst.

eine Identifizierung, eine Überidentifizierung würde ich fast sagen, mit Wolfgang Borchert. Ich habe in der Schule Aufsätze in seinem Stil geschrieben, ich konnte »Draußen vor der Tür« auswendig, das hatte mich aufgerüttelt, ich hab's nachempfunden. Und dazu kamen Erzählungen eines Lehrers, der als Freiwilliger in den Krieg ging und als Pazifist zurückkam, der uns pazifistische Literatur ganz anders vermittelte, als damals im Lehrplan gestanden hat. Da wär' eigentlich Bergengrün an der Tagesordnung gewesen, und statt dessen vermittelte er uns den frühen Böll und Tucholsky, und das hat mich, glaube ich, sehr geprägt. Und vielleicht auch noch die Erfahrung meines Vaters, der mit 17 als Freiwilliger in den 1. Weltkrieg zog und nachher eine pazifistische Grundeinstellung hatte und es geschafft hatte, durch List im 2. Weltkrieg nicht eingezogen zu werden. Ich würde aber heute sagen, daß ich ohne die Literatur nicht das Rüstzeug gehabt hätte, die Schwierigkeiten der Verweigerung in Kauf zu nehmen. Ich wußte durch die Literatur, es gab ein höheres Recht als die Militärgesetze.

JF: Bei mir spielte eine große Rolle die Prägung durch die Großmutter, die christlich im bekennenden Sinne war, eine Bauersfrau, die Hitler radikal ablehnte und auch dieser neuen, ganz anderen Zeit gegenüber skeptisch war in bezug auf Machtmißbrauch. Sie schrieb mir, als ich die Einberufung erhielt: Du darfst nicht töten! Denke daran. Und zum anderen das Familienerlebnis. Ich hatte zwei Onkel, zwei Brüder meines Vaters, verloren, die im Krieg umgekommen waren, der eine mit 18 Jahren in Afrika erschossen und der andere vermißt. Aber genau wie du bin ich von Literatur beeinflußt worden, von Borchert und von Böll. Das waren für mich die Autoritäten, die sagten, wir werden nie mehr antreten auf einen Pfiff hin. Und das war gedruckt und auch noch in der DDR gedruckt.

GW: Wurde das auch in der Schule vermittelt?

JF: In der Schule wurde das weniger vermittelt. Im Gegenteil, hier wurde einschränkend gesagt, das ist Pazifismus und natürlich gegen die faschistische Wehrmacht ganz gut, aber das geht nicht heute. Gerade um den Faschismus und den Kapitalismus zu verhindern, brauchen wir eine Armee. Alles andere ist blauäugig und Selbstmordnähe. Und nur zwei guten Deutschlehrern ist es zu verdanken, daß gerade Borchert und Böll im Unterricht vorkamen. Ohne Literatur hätte ich nicht einmal diese Längerwerbung abwehren können und dann auch während der Armeezeit, wo bei mir die eigentlichen Entscheidungen fielen, sagen können: So, jetzt hast du das erlebt, so ist es, so ekelhaft ist dieser Kasernenhof, in so hohe Gefahr gerät der einzelne, merke es dir gut, und wenn du Schriftsteller werden willst, dann beschreibe das.

GW: Wurdest du durch die Erlebnisse in der Volksarmee zum Schriftsteller?

JF: Ich hab' schon vorher geschrieben, ich hab' mit 15, 16 angefangen, Gedichte zu schreiben und verschiedenes. Aber während der Armee kam nun plötzlich dieses Geschrei, dieses Brüllen, diese Befehle, diese Schimpfworte. Die habe ich mir gemerkt. Auch bei dir habe ich solche Schimpfworte gelesen: Schleifen und Scheißhausfliege, Querscheißer und Schlitzaugen, Hottentotten usw. »Buntes Laub«, das waren die, die gerade zur Armee eingezogen wurden, die Tagesilos, wie gesagt, die so viele Tage noch hatten, oder Schwuchtel oder Schwule, Sackratten und die EKs, das waren die Entlassungskandidaten. Arschaufreißen gab es, Einlauf machen, Nüsse schaukeln, Wichser; auch Russenpack, also wir kommen schon aus der gleichen Wehrmachtstradition.

GW: Ja. Das wurde von denen weitergegeben, die das alte Militär noch erfahren haben. Die alten Kommißköppe wurden nicht ausgesiebt. Die brauchten die – auf beiden Seiten.

JF: Ich habe nicht einen einzigen älteren Offizier erlebt, der eine klare antifaschistische Position gehabt hätte. Ich meine nicht die Phrasen, sondern die Biografie. Ich möchte fast wetten, man müßte das noch mal im einzelnen prüfen, daß sie alle irgendwie von der HJ herkamen oder auch schon als Soldaten mit drinhingen und übernommen wurden. Es gab eine sehr starke »preußische« Strömung gerade bei den Unteroffizieren. Ich erinnere mich zum Beispiel, als ich reinkam in den ersten Tagen, daß sie sagten: Die deutsche Wehrmacht hatte viele schlechte Seiten, aber der Spindbau war vorbildlich! Nicht öffentlich, aber sie sagten es ...

GW: Also bei uns ging man noch weiter. Da wurde in den Unteroffizierskasinos NS-Symbolen offen gehuldigt, z. B. SS-Zeichen. Auch in den Liedern wurde vieles noch nahtlos verherrlicht. Ich habe jetzt bei einer Diskussion in Zürich eine interessante Begegnung gehabt mit dem stellvertretenden NATO-Oberkommandierenden General Klaus, eine der seltenen Ausnahmeerscheinungen der Bundeswehr, den man als Mann der Inneren Führung bezeichnen könnte. Es hat ja immer ein demokratisches Konzept der Bundeswehr gegeben, nur es wurde nie umgesetzt. Und der bestätigte das, was ich im Bundeswehrtagebuch beschrieben habe, aus seiner Zeit, er ist etwa derselbe Jahrgang, und sagte, nichts sei übertrieben. Das hat mir zu denken gegeben, daß jemand, der jetzt auf dieser Kommandoebene steht, meine Erfahrungen nicht als subjektiv, nicht als überempfindsam ansieht. Hätte ich diese unfreiwillige Rolle nicht durchlitten, wäre ich wahrscheinlich nicht zu meiner besonderen Form der Arbeit gekommen. Ich glaube, daß das für mich eine solche Erschütterung meiner bis dahin fast träumerischen introvertierten Existenz gewesen ist. Ich hab' das damals in einem lyrischen Tagebucheintrag festgemacht, den Wolf* übrigens vertont hat. »Ich träumte/ das Leben sei ein Traum/und wachte auf davon/und da war das Leben/gar kein Traum/und da schlief ich/nie wieder ein.« Für mich waren die Bundeswehrerfahrungen entscheidend. Ich bin anschließend nicht mehr in meinen Buchhändlerberuf zurückgekehrt, ich bin vagabundiert, ein halbes Jahr auf Achse gewesen, durch Asyle, nach

* Wolf Biermann

Skandinavien, hab' da gelebt, um Abstand zu gewinnen, mich aber auch neu zu definieren und neu zu finden. Und dann hab' ich diese anderen Bereiche der Gesellschaft heimgesucht, wurde Arbeiter, mußte auch von dem leben, was ich als Arbeiter verdiente. Es trieb mich dann um. Ich hab' später andere Menschen erlebt, die nie mehr in ihrem Beruf heimisch wurden, die nach dem Bundeswehrdienst strandeten, sogenannte Psychopaten wurden. Weil sie gebrochen wurden.

Man sollte nicht vergessen, daß die Bundeswehr seit Bestehen von alten NS-Offizieren durchsetzt war und das Konzept der Inneren Führung lange Zeit boykottiert wurde.
Ende der 60er Jahre gab es Garnisonsstädte, in denen etwa jeder 4. Berufssoldat NPD wählte.
In den 70er Jahren befragte ich anläßlich meines Dokumentarfilms »In Westerburg nichts Neues« inkognito einzelne Offiziersanwärter, wie sie sich im Ernstfall zu dem Befehl einer Geiselerschießung verhalten würden. Die Mehrzahl sah darin kein Problem und verwies auf die alte Formel »Befehl ist Befehl«.
Noch 1997 schlug ich einem der ranghöchsten deutschen Offiziere vor, meinen Kollegen Jürgen Fuchs in Bundeswehrkasernen – vor allem im Osten Lesungen durchführen zu lassen. Die Reaktion war, das sei nur möglich, wenn er sich zuvor auf eine eventuelle Stasitätigkeit hin überprüfen ließe. Mein Eindruck: Beschränktheit, blinder Gehorsam, Ignoranz vor der Geschichte und völlig fehlende Zivilcourage sind die Hauptprobleme eines harten Kerns innerhalb dieser Armee.

JF: Ja. ich hab' auch diese tiefe Erschütterung erlebt in dem Zwang zum »Jawoll«, »Zu Befehl«, daß man's dann auch sagt, oder in dem Kuschen, diesem vor anderen Stiefeln Rumkriechen müssen als Rekrut. Diese Demütigung, die darin lag, aber auch die Aggressivität, die hochkam, dieses: Das läßt man sich nicht gefallen! oder: Das kriegt noch mal 'ne Rache!

GW: Hast du Notizen gemacht damals?

JF: Ich hab' keine Notizen gemacht, weil scharf kontrolliert wurde. Wir hatten sehr viele heimliche Spindkontrollen, ein ziemlich gutes Spitzelsystem, weil wir zu den Grenztruppen eingezogen wurden. Das war im Grunde eine Stasi-Einheit. Da kamen sichere und gerade solche unsicheren Kandidaten wie ich rein. Viele meiner Sorte waren in den Grenzausbildungslagern, die zwar nie direkt an die Grenze kamen, aber wochenlang für eventuelle Kampfeinsätze im Hinterland stationiert waren.

GW: Hat in der Zeit mal einer versucht, über die Grenze zu gehen?

JF: Es gab immer Fluchten, auch von Leuten, die ich kannte, von denen ich dann hörte, die sind abgehaun. Es gab auch einen Unteroffizier zum Beispiel, den ich namentlich kannte, der mein Gruppenführer war – übrigens auch einer, der ein paar Wehrmachtssprüche drauf hatte –, der ist dann irgendwie abgesprungen. Und es gab Absprachen im Sinne von: Wenn wir wirklich an die Grenze kommen, hauen wir ab. Keiner wußte ja bei der Einberufung, wer in dieser Kaserne da landet, erst wenn man da war, wußte man, was dieses »GR 10« heißt. Plötzlich finde ich mich in Johanngeorgenstadt im Grenzausbildungslager. Das muß man ja sehen, daß an der Grenze zu 80 oder 70 % Wehrpflichtige standen, die sich überhaupt nicht dahin gemeldet hatten.

Ich möchte aber noch was ergänzen. Du hast das beschrieben mit den Durchdrehern, denen, die es nicht mehr verkraftet haben. Aber relativ viele hab' ich auch erlebt, die sich einpaßten und ruhig blieben und dann herauskamen und gerne in den Betrieben oder anderswo genommen wurden, weil sie eben gelernt hatten, zu schweigen und mitzumachen.

GW: Du zitierst diesen zentralen Satz: »Befehl ist Befehl, ihr habt den erst mal auszuführen, beschweren kann man sich hinterher.« Das haben wir bis zum Gehtnichtmehr auch immer wieder eingetrichtert bekommen. Parieren um jeden Preis. Ich hab' immer wieder versucht, bei der Kompaniebelehrung gegen den Stachel zu löcken. Was ist nicht schon alles unter Befehl an Unmenschlichkeit in allen Armeen der Welt passiert? Und es würde immer weiter passieren, wenn es verlangt würde. Und immer wieder würde auf das Soldatengesetz gepocht werden. Das war bei euch und bei uns das gleiche.

JF: Genauso dieses Zitat, das ich bei dir gelesen habe: »Das Denken übernehmen andere.«

GW: Oder das soll man den Pferden überlassen, die haben einen größeren Kopf. War deine Haltung in der NVA eine Ausnahme? Oder gab es doch einige, mit denen man sich verständigen konnte?

JF: Ich hatte immer das Gefühl, eine Mehrheit ist anti, aber paßt sich auch an, kommt irgendwie durch und will studieren oder irgendwie wieder rauskommen, in Urlaub fahren. Wenn ich mir zum Beispiel vorstelle, man hätte in der Waffenkammer oder bei Übungen wie du Blumen in den Lauf gesteckt oder eine Gruppenaktion gemacht, dann wäre es sehr kompliziert geworden.

GW: Da wärst du in den Knast gekommen.

JF: Ja, es wäre in dieser Weise doch eher undenkbar gewesen. Und natürlich wären wir sofort verhaftet worden. Oder von der Stasi hergenommen.

GW: Bei mir hat man versucht, auch wegen Wehrkraftzersetzung was zu machen. Es war wohl auf der Kippe, aber die Korrespondenz mit Heinrich Böll, glaub' ich, war ein Schutz. Nachdem die den Spind bei mir aufgebrochen hatten und die Briefe fanden, wurden sie vorsichtiger. Und haben sich dann über die Psychiatrie meiner entledigt. Und ich muß sagen, ich war damals in einer Situation, wo es mir durch die Erlebnisse in der Bundeswehr psychisch wirklich nicht gutging. Ich war zutiefst aufgewühlt und auch beschädigt. Ich hab' Fotos aus der

Zeit, als ich da im Bundeswehrlazarett, in der Geschlossenen war, auf denen wirke ich recht daneben. Es gab damals ein Gutachten eines Bundeswehrpsychiaters, der tatsächlich mit Verdacht auf Hebephrenie* operierte, obwohl er sich mit mir überhaupt nicht über meine tiefenpsychologischen Probleme unterhielt, sondern nur über die Gründe meiner Verweigerung. Und dann Vordergründiges festhielt, daß ich mir einen Backenbart habe wachsen lassen und eine getönte Brille trage. Man spricht ja auch von einem induzierten Irresein, von einem Irresein als Folge abnormer Verhältnisse. In der DDR wäre ich am Ende in der Psychiatrie geblieben.

JF: Ich hab' bisher immer gedacht, daß du so ein kleines bißchen strategisch vorgegangen bist in der Bundeswehrsituation. Ich habe diese Krise, die du jetzt schilderst, nicht vermutet.

GW: Ich hatte zu wenig im Rücken, ich hab' nicht studiert, ich lebte auch nicht in festen sozialen Zusammenhängen. Ich hatte eine Mutter, die mich zur Anpassung erziehen wollte. Mein Vater war tot, und meine Mutter – krank und in wirtschaftlicher Notlage – schrieb mir Briefe, daß die in der Bundeswehr ja auch nichts als ihre Pflicht tun und daß sie jetzt unversorgt dastehe. Ich hatte mich sogar geweigert, meinen Wehrsold anzunehmen, gesagt, den sollte man ihr schicken, und sie schrieb jetzt so was. Da war immer so ein Widerspruch bei ihr. Einerseits versuchte sie mich zu verstehen, andererseits war ihr Weltbild so, daß sie fand, ich sollte ihr das nicht antun. Ich hatte nichts im Rücken, außer einer erhabenen Literatur, die aber dort nichts galt. Keiner kannte die, auf die ich mich berief. Der Hauptmann hatte vielleicht schon mal von Böll gehört, aber damals hatte Böll noch nicht den Rang in der Gesellschaft, den er inzwischen hat. Nachher hab' ich damit umgeben können, zunehmend. Aber das hat sich über die Jahre hinweg entwickelt. In den Fabriken fing das an, da wurde ich auch politisch

* Jugendform der Schizophrenie

bewußter. Ich würde für mich sagen, die Bundeswehr war so eine Art Schule der Nation, in einem anderen Sinne, als es sonst verstanden wurde. Ich glaube, ohne die Bundeswehr hätte ich eine ganz andere Entwicklung genommen. Auch beruflich. Wahrscheinlich wäre ich Ethnologe geworden, ich weiß es nicht. Aber die Anlage war vielleicht doch früher schon da. Ich war 17, als ich in mein Tagebuch schrieb: »Ich bin mein eigener heimlicher Maskenbildner, setze mir ständig neue Masken auf, um mich zu suchen und in einem vor mir zu verbergen.« Da war eigentlich das Rollenspiel und auch das Identitätsproblem schon angelegt. Aber ohne den Schock der Bundeswehr wäre ich wahrscheinlich damit unverbindlicher, nicht gesellschaftsrelevant umgegangen. Ich wäre vielleicht ein etwas abgehobener, arroganter, zynischer Mensch geworden. Ohne diese Leidenssituation hätte ich meine soziale Rolle nicht gefunden.

Unser saturiertes und gemästetes Wohlstandsdeutschland besteht unterschwellig immer noch aus deutschtümelndem Dünkel und Hochmut. Als ich vor einigen Jahren als türkischer Arbeiter in Köln auf einer Großbaustelle arbeitete, kam es nach Feierabend in einem Lokal zu einer Schlägerei, als ich es mir als Türke erlaubte, national gesonnen deutschen Thekenstehern vorzurechnen, daß sie ohne Zuwanderung und Renteneinzahlungen von uns Ausländern zu Beginn des nächsten Jahrtausends eine aussterbende, kinderfeindliche und vergreisende, jedenfalls nicht mehr selbständig lebensfähige Gesellschaft darstellen würden und quasi sie auf uns angewiesen seien und nicht etwa umgekehrt.

Dort, wo sich der Antikommunismus bisher am vehementesten und hysterischsten austobte, ist derzeit der Fremdenhaß am virulentesten. Unsere konservativen – insbesondere bayrischen – Politiker, die sich bisher als Bollwerk gegen den Feind im Osten verstanden, rüsten nun zum neuen Endkampf. Da besinnen sich germanische Recken wie der bayrische Ministerpräsident Stoiber wieder mal auf die Überlegenheit der weißen Rasse. Da ist von unzulässiger (wörtlich) Durchrassung und Vermischung die Rede. Da fungieren reaktionäre Politiker und die ihnen verpflichtete Massenpresse als geistige Brandstifter und Pogromhetzer mit Begriffen aus dem Katastrophenbereich wie Asylantenflut, Asylantenströme, Dämme gegen die Asylanten, Zeitbombe, Springflut usw. Wenn der bayrische Kommunalpolitiker und Landesanwalt Manfred Ritter Asylbewerber mit Heuschreckenschwärmen gleichsetzt, erfüllt das meiner Ansicht nach den Tatbestand der Volksverhetzung. Wörtliches Zitat: »Vergleiche mit einem Heuschreckenschwarm, der überall, wo er durchzieht, eine Wüste hinterläßt, sind keinesfalls übertrieben. Die Lösung kann dafür nur lauten: konsequente Abschirmung Europas von der Zuwanderung aus den Entwicklungsländern!«

JF: Meine Angst war etwas anderes. Mein Hauptproblem war, die große Angst zu überwinden, das Thema anzugehen, weil Wehrkraftzersetzung ein ganz schweres Vergehen war. Ich wurde 1971 aus der Armee entlassen und fing mit den Aufzeichnungen 1973 an. 74 war etwas Kurzprosa fertig.

GW: Es gab bei euch ja auch nicht den Verband der Kriegsdienstverweigerer, mit dem ich inzwischen Kontakt hatte und die mich dann auch berieten. Gab's einen Pfarrer, dem du dich hättest anvertrauen können? Hast du's versucht?

JF: Es gab einen Pfarrer, der mich hätte beraten können. Aber es ging alles auch rasend schnell, ich war 18 Jahre, als ich zur Armee kam. Ich hab' hinterher erfahren, daß er wußte, welche Moglichkeiten der Verweigerung es gegeben hätte. Aber ich war auch nicht so ein eifriger Kirchgänger. Schon um als Bausoldat akzeptiert zu werden, mußte man eine ganze Menge Glück haben. Man mußte auch eine Beurteilung aus kirchlicher Sicht haben von Leuten, die akzeptiert waren. Ich kenne niemanden, der es ohne kirchlichen Hintergrund durchgesetzt hätte, Bausoldat zu werden.

GW: Gab es da eigentlich Kräfte in der Kirche, wie Stolpe, die diesen Spielraum ermöglicht und erweitert haben?

JF: Das kann ich für die 60er Jahre, über die wir jetzt sprechen, nicht so beurteilen. Aber es gab nicht ganz wenige, die den Dienst mit der Waffe ablehnten. Die Kirche hat vermittelt. Bausoldaten waren ja keine Wehrdienstverweigerer. Bausoldaten hatten militärische Dienstgrade, sie waren in den Kasernen. Sie machten Einsatz auf Flughäfen usw. Sie waren kein sozialer Friedensdienst. Die Friedens- und Menschenrechtsgruppen in der DDR forderten ja sozialen Friedensdienst, herausgelöst aus der Armee. Das war bis zuletzt nicht möglich. Von Totalverweigerung mal ganz zu schweigen, auf Totalverweigerung stand sofort Gefängnis.

GW: Bei uns ja auch, heute noch.

JF: Ich weiß. Bei uns gab es eine Reihe von Leuten, auch in den 60er Jahren, als der Wehrdienst eingeführt wurde, die gesagt haben, wir möchten offensiver werden. Sie wollten zum Beispiel Stände machen, wenn Rüstzeiten waren oder kirchliche Treffen. Sie wollten die Frage der Wehrdienstverweigerung gesellschaftlich darstellen. Und das wurde ziemlich weggedrückt. Es hieß, lieber nicht, und da spielten sicherlich realistische Kreise in der Kirche, wie es die Stasi nannte, eine Rolle. Und zu den realistischen Kreisen, so wurde mir geschildert, gehörte auch Stolpe.

GW: Du hattest jedenfalls einen Pfarrer, dem du vertrauen konntest.

JF: Ja, dem ich vertrauen konnte. Vor allem nach der Armee, als ich die Prosa schrieb. Ich fühlte mich aber in der Armee, auf dem Kasernenhof, sehr allein und herausgefordert. In einer Entscheidungssituation. Und da habe ich mir gesagt, jetzt hast du diese Gesellschaft nackt gesehen. Nun weißt du es. Nun weißt du endgültig, was gemeint ist. Das ist gemeint. Ja, dieser Sozialismus der Unteroffiziere, diese Kasernenhofwelt, das ist weder links noch eine neue Gesellschaft, es ist einfach eine verkommene Macht. Eine alte Macht auch, mit faschistischem

Rumgerede teilweise, mit Mißachtung des Menschen, mit all diesem Herummarschieren, alt und verkommen und gewalttätig. Und dann noch verlogen, weil es draußen und in den Zeitungen so anders dargestellt wird. Danach habe ich mir vorgenommen, darüber zu schreiben, auch wenn ich wußte, daß es gefährlich war. Ich wollte Klartext schreiben, nicht nur Gedichte im lyrischen Ton von Bobrowski. In dieser Phase spieltest du mit deinen Reportagen, die ich in der Armee gelesen habe, eine wichtige Rolle.

GW: Das waren die Industriereportagen damals.

JF: Ja, aber ich erinnere mich an eine Taschenbuchausgabe, in der ich deine Bundeswehraufzeichnungen gelesen habe.

GW: In der DDR haben die das unterschlagen, weil mein Pazifismus ja nicht auf eine bestimmte Armee beschränkt war. Diese Grundhaltung, glaube ich, die ist zu überdeutlich.

JF: Irgendwie hat es mich jedenfalls erreicht. Vielleicht auch als Westbuch. Ich erinnere mich nicht genau. Und das brachte mich dazu, bei Prosalesungen in der Kirche, die nachher wieder verboten wurden, die Frage zu stellen: Ermittelte Wallraff bei der Bundeswehr oder bei der NVA? Und in den Stasi-Protokollen lese ich jetzt: staatsfeindliche Hetze, stellt provozierende Fragen, indem er unterstellt, die militaristischen Auswüchse in der Bundeswehr, die Wallraff in seinen Reportagen schildert, seien gleichzusetzen mit der NVA. Das ist in den Akten drin.

GW: Gab es deine Haltung nur sehr vereinzelt oder häufiger?

JF: Also, dieser Entschluß, die Erfahrungen in der NVA aufzuschreiben und sich Notizen zu machen, das war sicher singulär. Aber ich habe sehr viele verbitterte, zynische, düstere Stimmen gehört. Es gab auch Menschen, die in psychische Schwierigkeiten gerieten und sich verschlossen haben. Dann dieses blöde Rumgequatsche, Alkohol spielte eine große Rolle, dieses enorme Rumsaufen am Abend. Und dieses Feiern, aber was war das für ein Feiern? Früh die Betten vollgekotzt, diese Eisenbetten, und dann der Gestank, und wie kam man vom Ausgang zurück? Diese Ängste: Kann man in Urlaub fahren, nicht in Urlaub fahren? Du schreibst ja auch von dieser Fixierung auf das Wochenende. Nach Hause fahren.

GW: Die Flucht.

JF: Das fiel mir gleich auf, als ich in den Westen kam, daß die Soldaten hier regelmäßig am Wochenende nach Hause fahren. Selbst während der Grundausbildung. In der NVA gab es während der ersten Monate der Grundausbildung überhaupt keinen Urlaub. Man mußte schon großes Glück haben, nach zwei, drei Monaten einen Kurzurlaub von 2 Tagen zu erhalten. Danach gab es nur Urlaub in monatelangen Abständen. Wenn der Urlaub so selten ist, gibt es natürlich auch mehr Erpressungsmöglichkeiten. Du hast mich nach Widerstandsformnen gefragt. Ich habe manchmal eine aggressive Verzweiflung erlebt: Also dann, es ist scheißegal, ob ich Ausgang oder Urlaub bekomme, dann hock' ich eben hier, dann ist alles egal. So eine Art Koller, bis hin zum Saufen, wo keine Strafen mehr halfen, wo dieses Schleimen, Kriechen, Anpassen einfach wegfiel. Und an solchen Stellen wurde es dann meistens wirklich auch für die Vorgesetzten gefährlich. Dann wurden ganze Züge und Abteilungen aufgelöst, es gab Umsetzungen, dann kamen plötzlich ganz andere an und darunter wieder ein ausgesuchter kleiner Kreis von Leuten, die rumspitzelten. Die Partei spielte dann eine Rolle, Beurteilungen und Befragungen: Sie wollen studieren, das geht so nicht, wenn Sie so weitermachen. Spindkontrollen, Alarm. Aber wenn du mich nach der Grundstimmung fragst, unter den Wehrpflichtigen waren die meisten eben doch angepaßt, nach dem Motto: Man kann sowieso nichts machen, man reißt das eben runter, ist alles scheißegal.

GW: Die Doppelmoral, die ich bei den Funktionären in der DDR ganz extrem erlebt habe, sonst eigentlich nur bei den

Würdenträgern der katholischen Kirche, war die auch in dieser Armee schon angelegt, daß man die Sprüche draufhatte, für seine Kaderakte, für sein Studium, für sein späteres berufliches Fortkommen?

JF: Das kann man so sagen. Wobei vielleicht die Grundeinstellung noch wichtiger war: runterreißen. Das ist eben so. Das war schon immer so, auch schon in der Väter- und Großvätergeneration, die waren ja sogar im Krieg. Schießen, 'ne Waffe umhängen, das macht dann auch irgendwie Spaß, man macht sich ein bißchen wichtig. Also wenn ich mir vorstelle, daß jemand wie du mit einem Stock statt mit einem Gewehr angekommen wäre oder auch mal nicht richtig rausgeballert hätte bei einer Übung, dann hätte man vielleicht gesagt, na ja, der hat wirklich einen Schatten. Soldatsein, das war auch was Männliches, was Sportliches.

GW: Ich hab' es wieder umgedreht, indem ich es schaffte, durch den Blumenstrauß, den ich an den Stock band, bei Ausmärschen durch Dörfer die Lacher auf meiner Seite zu haben. Da kam nämlich jemand, der zeigte, daß er diese Zwangsgemeinschaft mit ihren Drohsymbolen überhaupt nicht ernstnahm. Das mit den aufgepflanzten Gewehren wirkte da plötzlich lächerlich. Das war für mich eine unheimliche Genugtuung. Und dann schämten sich plötzlich die Unteroffiziere, die uns wie die Wachhunde flankierten, und man verbot mir diesen Blumenzauber.

JF: Da ist noch was ganz Merkwürdiges, das mich sehr beschäftigt hat, als ich jetzt noch mal deine Sachen las: Pflege des Feindbildes. Also du hast das so beschrieben: die russische Bedrohung oder der Warschauer Pakt, was der alles macht, plant und besetzen will. An solche wie mich wurde dabei vielleicht nicht gedacht. Die in Soldatenstuben saßen und Böll lasen. Oder solche wie du in der Bundeswehr. Alles Abstraktionen im Politunterricht, Feinde, Verbrecher. Ich erinnere mich daran, daß ausdrücklich erklärt wurde: Natürlich sind da drüben auch Arbeiterjungs dabei. Die können eigentlich nichts dafür, werden mißbraucht. Aber sie lassen sich mißbrauchen. Und dafür müssen wir sie bekämpfen. Das ist dann objektiv notwendig im Verteidigungsfall. Es wurde also von einem Nato-Angriff ausgegangen. Und dann gab es Fragen: Sollen wir warten, bis die kommen? Dann wurde gelächelt: Wir haben unsere Informationen, da könnt ihr euch drauf verlassen. Wir kommen zuvor! X plus zwei Stunden, dann werdet ihr Hamburg oder Paris kennenlernen... Solche Reden habe ich gehört, das war doch recht offensiv, nicht wahr?

GW: Und an der Grenze? Oder davor, in dem Lager, in dem du warst, gab es da Absprachen?

JF: Ja, in Andeutungen. Ich hatte einen Freund, mit dem ich offen sprach. Wenn die uns vorn hinstellen, sagten wir, können wir eben nicht gut schießen. Bis dahin ging diese Haltung, bei zukünftigen Schießübungen aufzupassen, nicht zu gut zu zielen. Ich war sportlich, mußte mich wirklich zurückhalten. Habe das auch getan. Eines ist klar. Wenn man als zuverlässiger Gefreiter oder Unteroffizier an der Grenze stand mit der Kalaschnikow, da gab es Auswege. Etwas Schlamperei, paar »falsche Bemerkungen«, einige Zweifel, dann wurde man abgelöst. Ich kenne mehrere solcher Fälle. Auch ich kam nicht an die Grenze. Aber eine Entscheidung wurde verlangt. Es war nicht einfach. Es gab keine klare, legale Möglichkeit der Verneinung.

GW: Und wie wurden die Posten an der Mauer motiviert?

JF: Na zum einen damit, daß alles richtig ist, gesetzlich und so weiter. Das wirkt bei vielen. Dann wurde gesagt, irgendwelche Typen schleichen sich an, Kriminelle, bewaffnet. Dann kam die Angst. Am meisten Angst gemacht wurde mit entsprungenen Sowjetsoldaten, die sich durchschlagen wollen mit Einzelkämpferspezialausbildung. Die haben nichts zu verlieren, hieß es. Da kamen Todesängste. Und solche Deserteure gab es. Sie hatten mein Mitgefühl, aber es war eine angespannte, wahnsinnige Drucksituation...

GW: Das Grundproblem ist wahrscheinlich wie im Krieg: Ist man einmal mittendrin, dann kommt man schwer wieder raus, man funktioniert.

JF: Ja, so sehe ich das auch. Es wird immer teurer. Dann bleibt bloß noch das Desertieren, das Abhaun. Einige begingen Selbstmord, hielten den Druck nicht aus. Andere machten »Vorkommnisse«, legten sich schlafen, die Kontrolle kam, oder stiegen über den Zaun, ab nach Hause. Das hieß dann Schwedt, Militärknast. Äußerst hart. Die Zeit mußte nachgedient werden. Ich lernte welche kennen, die in Schwedt waren. Immer spielte die Stasi eine Rolle, vergiftete die Biografie oder warb als IM (inoffizieller Mitarbeiter) an. Bei der Armee war man wehrlos, Dennoch: Im Studium gab es mehr Kriecher. Der Kasernenhof polarisierte. Du weißt, wenn paar Wochen vergangen sind, wer ein Klinkenputzer ist und wer nicht. Es ist eine große Lebenserfahrung: Du kannst schuldig werden mit 18, vielleicht ein Mörder. Und du kannst dich unterwerfen, wenn so ein Leutnant den großen Vorgesetzten spielt. Und du kannst den schlimmen Dingen einigermaßen ausweichen und begreifen, was zu tun ist, um diesem Drill, diesem Gleichschalten und Uniformieren etwas entgegenzusetzen.

GW: Und was?

JF: Was wir beide machten zum Beispiel: beschreiben, was ist, was war. Es zum Thema machen. Nicht ausweichen. Nicht bloß weggehen oder wegsehen. Bürgerrechte und Menschenrechte hochhalten, verteidigen. Die Befehlshaber und vor allem die Diktaturen dürfen nicht durchkommen. Es geht dabei nicht nur um die Militärs, auch um die Parteifeldwebel, Wirtschaftskapitäne und Heilsbringer anderer Art. Wir müssen nein sagen, wenn sie anfangen, uns oder andere herumzukommandieren.

GW: Entsprechend den internationalen Abrüstungsvereinbarungen muß die Bundeswehr in den nächsten Jahren auf 370 000 Mann verkleinert werden. Das bedeutet aber keine Verringerung der militärischen Stärke, nur eine Umrüstung. Sie stellt – und das gilt nicht nur für die Bundeswehr, sondern für die NATO insgesamt – auf kleine mobile Einheiten um, die mit hochwirksamen Waffen ausgestattet sind. Damit verfolgt Bonn das Ziel atomarer Teilhabe; in diesem Zusammenhang sind auch die sich allmählich realisierenden Pläne einer deutsch-französischen Streitmacht zu sehen. Den Atomwaffen-Sperrvertrag unterschrieb Bonn mit dem Vorbehalt, daß es sich dadurch nicht gehindert sehe, an einer atomar gerüsteten westeuropäischen Streitmacht beteiligt zu sein. Diese neue militärpolitische Konzeption beinhaltet nicht mehr Abwehr einer militärischen Bedrohung aus dem Osten, sondern die Übernahme – so wörtlich – »weltweiter militärischer Verantwortung« wie z. B. »Aufrechterhaltung des freien Welthandels und Zugang zu strategischen Rohstoffen« als europäische Führungsmacht Weltgendarm an der Seite der USA – oder auf Dauer vielleicht mehr und mehr auch in Konkurrenz zu den USA.

Die armen Völker der Welt sollen gezwungen werden, ihr Öl, ihre Bananen oder sonstige Produkte und Rohstoffe zu den von Westeuropa und Nordamerika diktierten Bedingungen herzugeben. Darum hält die Bundesregierung die Ausgaben für Waffenforschung, -entwicklung und -beschaffung, auf gleicher Höhe, obwohl die Aufstellung der Bundeswehr einst im Kalten Krieg ausschließlich mit der Bedrohung aus dem Osten begründet worden war und obwohl diese Bedrohung inzwischen entfallen ist. Für die Landesverteidigung sind die in Auftrag gegebenen Waffen jedenfalls nicht mehr erforderlich.

Fast jede vierte Mark, die der Bund im laufenden Haushaltsjahr für Forschung und Entwicklung ausgibt, dient neuen Waffensystemen. Die vorgesehenen Mittel für Friedens- und Konfliktforschung wurden vom Haushaltsausschuß des Bundestags von 3,3 auf 2,3 Millionen Mark zusammengestrichen. In die neuen Waffensysteme fließen nach wie vor Milliarden.

Noch nie in über 1 000jähriger Geschichte war unsere äußere Sicherheit so wenig von Feinden bedroht wie jetzt. Noch nie waren aber auch in Friedenszeiten unsere Militärausgaben so hoch. Milliarden werden für Kriegswaffen ausgegeben, die nach kurzer Zeit durch die technische Entwicklung überholt sind, um dann durch neue, noch teurere Systeme ersetzt zu werden. Im Kalten Krieg wurde uns erklärt, es gelte nachzurüsten – der Feind habe nämlich vorgerüstet. Und jetzt? Wozu einseitig an der Rüstungsspirale drehen und Rohstoffe verschwenden? Die Vernunft gebietet, den Militäretat zu mindern, mindestens um 50 Prozent.

Auch ein Staatssekretär im Bundesverteidigungsministerium hat den neuen Feind ausgemacht. Er nennt ihn den »Wandermenschen« (man assoziiert »Wanderratte) und hat ihn bereits im Abschußvisier, denn für ihn ist dieses »Wandermensch« genannte Zombiewesen – so wörtlich – »eine Waffe der Zukunft«. Auch der Generalinspekteur der Bundeswehr General Naumann sieht die neuen Aufgaben der Armee im Einsatz gegen den »Einwanderungsdruck verelender Massen«. Beängstigende Vorstellung, daß das großdeutsche Militär dann an den Grenzen Europas, mit neuem Schießbefehl ausgestattet, die »Unterwanderung« und »Überfremdung« Europas schon zu verhindern weiß.

Nachbemerkung

»Beschreiben, was ist, was war.« Diesen Leitsatz von Jürgen Fuchs im Sinne von Anschreiben gegen das Vergessen, Verdrängen, Verharmlosen und Schönreden hat Dietmar Schultke sich zu eigen gemacht. Die eigene Leidenszeit bei den Grenztruppen der DDR hat ihn zuerst verstört und zutiefst aufgewühlt und dann zum akribischen und systematischen Chronisten der innerdeutschen Grenze und der Berliner Mauer werden lassen. Seine Recherchen, Archivfunde und dokumentarischen Aufzeichnungen veranschaulichen eindringlich unwiderlegbare Fakten aus der Zeit des Kalten Krieges. Der »Arbeiter-und-Bauern-Staat« zäunte seine Bürger mit Mauer und Stacheldraht ein. Der Schießbefehl und eine flächendeckende Überwachung und Bespitzelung seiner Bürger bezeugen, wie wenig souverän und totalitär dieser »andere Teil Deutschlands« von Grund auf war.

Der Autor belegt, daß kein Mauerschütze mit ernsthaften Repressalien hätte rechnen müssen, wenn er sein Ziel verfehlt, in die Luft geschossen oder Ladehemmung vorgetäuscht hätte. Mit der sattsam bekannten Ausrede vom angeblichen »Befehlsnotstand« werden fast immer niedere Beweggründe wie Untertanenverhalten und Kadavergehorsam, Erpichtsein auf Auszeichnung und Beförderung bis hin zu Sonderurlaub und Fangprämie kaschiert.

Nicht verwunderlich und auf eine perfide Art konsequent sind dann auch die durchweg verhältnismäßig milden Strafen (oft zur Bewährung ausgesetzt) gegen die ausführenden Instanzen, die Todesschützen an der Mauer und ihre verantwortlichen Befehlsgeber. Wenn man bedenkt, daß – von einer Ausnahme abgesehen – kein Richter oder Staatsanwalt des Dritten Reiches, der an Todesurteilen wegen »Rassenschande«, an Deportationen oder Hinrichtungen gegen Deserteure oder Kriegsgefangene beteiligt war, sich in der Bundesrepublik jemals vor Gericht verantworten mußte!

Und der entsetzliche Satz des »furchtbaren Juristen«, des ehemaligen Marinerichters und späteren Ministerpräsidenten von Baden-Württemberg Filbinger*: »Was damals rechtens war, kann heute nicht Unrecht sein«, wird auch heute wieder bei den Prozessen gegen DDR-Unrecht von den Verantwortlichen und ihren Anwälten zur Rechtfertigung ihrer Verbrechen gegen die Menschlichkeit vorgeschoben. In einzelnen Passagen verdichtet sich Schultkes Beschreibung zu einer fast allegorischen Eindringlichkeit: so wenn er den ca. 1 400 Kilometer langen Todesstreifen als »sauber geharkten Garten« beschreibt, mit »Tausenden uniformierten Gärtnern mit Harke und Kalaschnikow«.

Der ewige deutsche Mitläufer, der übereifrig angepaßte, überall funktionierende Befehlsempfänger ist nicht mit dem Ende der DDR – dem in vielem preußischeren und deutscheren der beiden deutschen Staaten – ausgestorben, so wie er auch nicht mit dem Zustandekommen dieses Staates mit sozialistischem Anspruch aus der Taufe gehoben wurde. Die Wurzeln und Ursachen reichen weiter zurück.

Da, wo »Disziplin, Ordnung, Fleiß und Pünktlichkeit«, sogenannte Sekundärtugenden, sich verselbständigen und in den Rang von Primärtugenden erhoben werden, geht die Saat der Unmenschlichkeit auf.

Wenn kommende Generationen Europas neue Grenzen gegen Armutsflüchtlinge, gegen sogenannte »Überfremdung« abzuschotten haben, sind auch für sie Dietmar Schultkes Texte Mahnung und Lehrstücke.

Köln, im Juli 1999, Günter Wallraff

---

* Filbinger hatte noch in den letzten Kriegstagen in Norwegen junge deutsche Soldaten, die sich in die Heimat absetzen wollten, zum Tode durch Erschießen verurteilt und es sich nicht nehmen lassen, persönlich das Kommando »Feuer frei« zu geben.

Zeittafel
zur Geschichte der deutsch-deutschen Grenze

1944
12. September Londoner Protokoll: Beschluß der Siegermächte zur Aufteilung Deutschlands und Berlins in Sektoren.

1945
7./8. Mai Beendigung des Zweiten Weltkrieges. Unterzeichnung der Gesamtkapitulation des Deutschen Reichs im amerikanischen Hauptquartier in Rheims und im sowjetischen in Berlin-Karlshorst.
5. Juni Berliner Erklärung der vier Oberbefehlshaber: Die Besatzungsmächte übernehmen die Regierungsgewalt.

1946
30. Juni Die Grenze zwischen der SBZ und den westlichen Besatzungszonen wird für vier Monate gesperrt.
Juli Die SMAD befielt Bildung einer Deutschen Verwaltung des Innern (DVdI); sie übernimmt u. a. die Leitung der Polizeikräfte.
Oktober Laut Kontrollratsdirektive Nr. 43 vom 29. Oktober 1946 müssen für private und geschäftliche Reisen zwischen den Besatzungszonen bei den alliierten Behörden Interzonenpässe beantragt werden. Die Polizei des Landes Brandenburg vestärkt die Kontrollen an den Zufahrten zu den Westsektoren Berlins, um »Wirtschaftssabotage und Schwarzmarkthandel« einzudämmen.
November Nachdem die SMAD die Bildung einer deutschen Grenzpolizei angeordnet hat, werden in den Ländern Sachsen-Anhalt, Brandenburg, Thüringen, Mecklenburg und Sachsen erste GP-Einheiten aufgestellt.
1. Dezember Offizieller Gründungstag der Grenzpolizei/Grenztruppen.

1947
23. August Die DVdI erläßt auf Grundlage des Befehls 0155 des Chefs der SMAD eine einheitliche Dienstanweisung für die Überwachung der Demarkationslinie.
1. Oktober In der SBZ tritt eine einheitliche Struktur der GP in Kraft. Es werden GP-Abteilungen gebildet, die jeweils 4–5 GP-Kommandanturen haben, jede GP-Kommandantur vereint 10–15 GP-Kommandos, die sich

aus 8–10 Grenzpolizisten zusammensetzen. Die SMAD erläßt Bestimmungen für den Gebrauch von Schußwaffen durch die GP.

1948

April Neuordnung an der Zonengrenze durch die Sowjetunion. Die westlichen Besatzungsmächte müssen sich schärferen Grenzkontrollen unterziehen.
1. April Die rund 300 km lange Grenze um Berlin wird durch den »Ring um Berlin« gesichert. Dazu gehören 71 Straßen- sowie 17 Bahnhofs- und Wasserstraßenkontrollpunkte und eine auf Befehl der SMA des Landes Brandenburg gebildete ständige Polizeieinheit von zunächst 800 Mann.
Juli 1948 – Mai 1949 Berlin-Blockade durch die Sowjets.
22. September Umwandlung der Grenzpolizeiabteilungen in Grenzbereitschaften, die nicht mehr den Landespolizeibehörden, sondern der DVdI direkt unterstehen, und zwar der eigenständigen Hauptabteilung Grenzpolizei und Bereitschaften.
Im zweiten Halbjahr 1948 wird die GP vollständig und einheitlich mit Schützenwaffen ausgerüstet. Die Grenzbereitschaften erhielten zum Teil je einen PKW und LKW, die Grenzkommandos zwei bis drei Fahrräder.

1949

27. April Die Einheit »Ring um Berlin« wird in eine Grenzbereitschaft umformiert und direkt der DVdI unterstellt.
Mai Gründung der Bundesrepublik Deutschland; das Grundgesetz wird am 23. Mai verkündet.
20. Juli Bei der DVdI wird eine eigenständige Hauptabteilung Grenzpolizei gebildet. Der Bau massiver Kasernen für die GP-Kommandos beginnt.
September Die Grenzbereitschaft »Ring um Berlin« wird in eine Grenzpolizeiabteilung umgebildet. Sie ist in drei Grenzbereitschaften untergliedert und direkt dem Präsidenten der DVdI zugeordnet.
Oktober Gründung der Deutschen Demokratischen Republik.
Dezember Die Hauptabteilung Grenzpolizei wird der neugeschaffenen Hauptverwaltung Deutsche Volkspolizei beim MdI unterstellt.

1950

Januar Die GP des Landes Mecklenburg übernimmt die Sicherung der Ostseegrenze (640 km).
26. Januar Der Beschluß zur »Abwehr der Sabotage« hat verstärkte Kontrollen der GP an den Grenzübergängen zur Folge.
21. April Die Volkskammer verabschiedet ein Gesetz zum Schutz des innerdeutschen Handels. Der Waren- und Fahrzeugverkehr zwischen der

Bundesrepublik und Westberlin erfolgte gemäß der 3. Durchführungsbestimmung nur noch über Grenzkontrollpassierpunkte.

10. Juni Die GP der DDR übernimmt die Kontrollfunktion an den Grenzkontrollpassierpunkten von den sowjetischen Organen. Diesen obliegt weiterhin die Kontrolle des Personen- und Transportverkehrs der Alliierten und sonstiger ausländischer Staaten.

6. Juli Unterzeichnung des Abkommens über die Markierung der festgelegten deutsch-polnischen Staatsgrenze (460,4 km).

Oktober Die GP übernimmt die Kontrolle der Stadtgrenze zwischen Ostberlin und der DDR.

1951

1. Januar Unterstellung der Grenzpolizeieinheiten unter die Hauptverwaltung Deutsche Volkspolizei.

1. Februar Die erste Offiziersschule der GP wird in Sondershausen (Thüringen) gegründet.

Mai Die Grenzbereitschaft Nord wird der Seepolizei Hauptverwaltung der DVP unterstellt.

1952

16. Mai Die bisher dem MdI unterstellte GP wird aus der Hauptverwaltung der DVP herausgelöst und als Deutsche Grenzpolizei (DGP) dem MfS zugeordnet.

26. Mai Die Regierung der DDR erläßt eine »Polizeiverordnung über die Einführung einer besonderen Ordnung an der Demarkationslinie«. Die Grenzordnung sieht u. a. die Anlage eines 10-m-Kontrollstreifens, eines 500-m-Schutzstreifens sowie eine 5-km-Sperrzone vor. Alle Kinos, Gaststätten, Pensionen und Erholungsheime innerhalb des Schutzstreifens werden geschlossen, Aufenthalte in der 500-m- sowie in der 5-km-Zone bedürfen besonderer Genehmigung, ca. 11 000 Personen werden aus dem Grenzgebiet zwangsausgesiedelt.

7. Oktober Die Angehörigen der DGP und der Kasernierten Volkspolizei (KVP) erhalten neue khakifarbene Uniformen und moderne sowjetische Handfeuerwaffen.

1953

17. Juni Volksaufstand in der DDR; bei der Abwehr des »konterrevolutionären Putschversuches« werden auch Angehörige der DGP eingesetzt.

27. Juni Die DGP wird aus dem MfS ausgegliedert und dem MdI unterstellt.

1954

15. Juli Die DGP übernimmt die »Vorläufige Innendienstvorschrift« der KVP und am *1. November* die »Vorläufige Disziplinarordnung«. Mit dem

Aufbau von Funkanlagen wird eine bessere Truppenführung und Aufklärung erreicht.

1955

Im Verlauf des Jahres werden neue Schützenwaffen (schwere Maschinengewehre und Panzerabwehrwaffen) eingeführt und »einfache Grenzsicherungsanlagen« (Signalanlagen, Beobachtungstürme) aufgebaut. Ab *August* untersteht die DGP dem Staatssekretariat für Staatssicherheit. Erstmals werden Reserveeinheiten der GP ausgebildet.

10. Oktober Die erste Polit-Schule der DGP zur Ausbildung von Offizieren für politische Arbeit nimmt ihre Tätigkeit auf.

1. Dezember Die DGP übernimmt – wie im Staatsvertrag zwischen der DDR und der UdSSR festgelegt – die alleinige Bewachung und Kontrolle der Staatsgrenze der DDR, am Außenring von Berlin sowie auf den Transitwegen zwischen der Bundesrepublik und Westberlin. Angehörige des Kommandos der Gruppe der sowjetischen Streitkräfte in Deutschland üben weiterhin die Kontrolle von Personal und Gütern der Alliierten aus und bleiben bis 1958 als Berater der DGP tätig.

1956

18. Januar Die Volkskammer verabschiedet das Gesetz zur Schaffung der Nationalen Volksarmee (NVA) und des Ministeriums für Nationale Verteidigung. Die KVP gilt nach dem 1. Dezember als aufgelöst.

15. Mai Die am 3. Mai vom DDR-Ministerrat erlassene neue Grenzordnung tritt in Kraft.

Seit *September* kontrolliert die DGP auch Ausländer. Diese benötigen für die Einreise gültige DDR-Visa.

1957

1. März Das »Kommando der Deutschen Grenzpolizei« wird gebildet. Die DGP erhält damit ein selbständiges Führungsorgan innerhalb des MdI.

14. August Der Minister des Innern befiehlt »Maßnahmen zur Festigung und Stärkung« der DGP. Die Entwicklung zur Grenztruppe soll beschleunigt werden, u. a. durch eine Gliederung in Brigaden, neue technische Mittel und Waffen sowie durch eine systematische Ausbildung.

11. Dezember Das Gesetz zur Änderung des Strafrechtes tritt in Kraft: Es enthält Neubestimmungen über Republikflucht und Diversion.

1958

16. Januar Beschluß des Ministerrates über die Einführung des Schwurs der DGP, der Truppenfahnen und Dienstlaufbahnbestimmungen.

5. Juni Der Ministerrat erläßt eine Verordnung über den Einsatz von freiwilligen Helfern der DGP.

1960

An der innerdeutschen Grenze wird mit der Verlegung von Minen begonnen.

10. Februar Die Volkskammer beschließt das Gesetz über die Bildung des Nationalen Verteidigungsrates (NVR).

1961

13. August Einheiten der NVA, Kampftruppen sowie Einheiten der DGP und der VP nehmen die Grenze zu Westberlin »unter Kontrolle« und verstärken den Schutz der innerdeutschen Grenze.

15. September Die DGP wird dem MfNV unterstellt; die DGP erhält die Bezeichnung Grenztruppen der NVA.

21. September Die »Ordnung zur Gewährleistung der Sicherheit an der Westgrenze der Deutschen Demokratischen Republik« schränkt den Aufenthalt im Grenzgebiet weiter ein.

November Nachdem die GT an der Staatsgrenze zur ČSSR und zur VR Polen von der »Grenzsicherung zur Grenzbewachung« übergegangen sind, werden GT von dort an die innerdeutsche Grenze verlegt.

Im November/Dezember errichten Bauarbeiter, Angehörige der VP und der NVA einen »massiven panzersicheren antifaschistischen Schutzwall« an der Grenze zu Westberlin.

1962

24. Januar Das Wehrpflichtgesetz wird durch die Volkskammer verabschiedet. Im April werden erstmals wehrpflichtige Jugendliche per Gesetz zum Grundwehrdienst in den GT verpflichtet.

20. Juli Eine Verordnung über die Sicherung und den Schutz des Küstengebietes der DDR tritt in Kraft.

23. August Mit der Sicherung der Grenze zu Westberlin beauftragte GT und NVA-Einheiten werden dem Stadtkommandanten der Hauptstadt der DDR unterstellt.

20. September Beschluß des NVR zur »weiteren Entwicklung und Festigung« der GT. Diese erhalten eine »grundlegend verbesserte« Ausrüstung, die politisch-ideologische Ausbildung wird optimiert.

1963

21. Juni Der Ministerrat beschließt die »Verordnung über Maßnahmen zum Schutz der Staatsgrenze zwischen der DDR und Westberlin. Danach wird ein 10-m-Kontrollstreifen entlang der Staatsgrenze und innerhalb Ostberlins ein 100-m-Schutzstreifen angelegt.

1964

19. März Der DDR-Ministerrat beschließt eine neue Verordnung zum Schutz der Staatsgrenze.

1966

Oktober Nachdem die DDR die Grenze zur Bundesrepublik vom östlichen Elbufer in die Mitte des Stroms »verlegt« und die Schiffahrt behindert hat, kommt es zu Zwischenfällen mit dem Bundesgrenzschutz.
An der deutsch-deutschen Grenze wird mit dem Bau von Kfz-Sperrgräben begonnen.

1967

Die GT der DDR markieren die Grenze zur Bundesrepublik neu: 2 622 Grenzsäulen, 13 Grenzbojen und mehr als 9 000 Grenzsteine werden gesetzt.

1968

21. August: Einmarsch von Truppen des Warschauer Pakts in die ČSSR. Vor der Beendigung des Prager Frühlings sind die GT der DDR an der Staatsgrenze zur ČSSR von der Grenzüberwachung zur Grenzsicherung übergegangen. Der eigens dafür gebildete Sonderverband der GT wird »nach Erfüllung der Aufgaben« wieder aufgelöst.
»Renovierung« der Anlagen an der innerdeutschen Grenze: Die zweireihigen Stacheldrahtzäune werden durch Metallgitterzäune ersetzt.

1969

Bau der ersten Beton-Beobachtungstürme.

1970

An der Grenze werden die ersten SM-70-Selbstschußanlagen montiert.

1971

Februar Strukturelle Umgliederung der GT von Grenzbrigaden zu Grenzkommandos.
14. Mai Die bisher dem Stadtkommandanten von Berlin unterstehenden Grenzkommandos werden dem Kommando der GT unterstellt.
21. Dezember Der Grundlagenvertrag zwischen der BRD und der DDR wird unterzeichnet.

1973

Bau eines zusätzlichen Schutzstreifens in ca. 500 m Entfernung von der Grenze.

1974

1. Januar Die Grenztruppen werden aus der NVA ausgegliedert und als selbständige Organisation unter dem Namen Grenztruppen der DDR geführt.

1982

25. März Ein neues Wehrdienst- und Grenzgesetz tritt in Kraft, in dem der Schießbefehl erstmals für jeden DDR-Bürger nachzulesen ist.
Mit dem Abbau von SM-70-Selbstschußanlagen und der Errichtung von Schutzstreifenzäunen mit Signaldrähten wird begonnen. Da das System der Grenzsicherung in den achtziger Jahren insgesamt weiter ausgebaut und perfektioniert wird, gelingt immer weniger Menschen die Flucht.

1984

An der innerdeutschen Grenze wird die neue »Struktur 80«, eine modifizierte Kompaniesicherung, eingeführt.
30. November Der Abbau der ca. 60 000 SM-70-Selbstschußanlagen an der innerdeutschen Grenze ist abgeschlossen.

1985

Herbst Sämtliche Bodenminen sind an der deutsch-deutschen Grenze geräumt.

1989

5. Februar Chris Gueffroy, wird an der Berliner Mauer erschossen. Er ist das letzte Opfer des Schießbefehls.
2. Mai An der Grenze zwischen Ungarn und Österreich wird mit dem Abbau von Grenzanlagen begonnen.
9. November Die Öffnung der Berliner Mauer und der innerdeutschen Grenze läßt das Grenzregime der DDR zusammenbrechen.
1. Dezember Die Grenzkommandos Nord, Mitte und Süd werden aufgelöst und in Grenzbezirks- und Grenzkreiskommandos umgewandelt.
21. Dezember Die vom Ministerrat der DDR beschlossene Militärreform sieht vor, die GT dem MdI zu unterstellen.
Verteidigungsminister Theodor Hoffmann hebt den Schießbefehl auf.

1990

3. Januar Auf Anweisung von Ministerpräsident Modrow sollen die GT um 50 Prozent reduziert und zu einem Grenzschutzorgan umgebildet werden. Verteidigungsminister Hoffmann erläßt im April einen entsprechenden Befehl, weitere folgen.
21. September Der Minister für Abrüstung und Verteidigung der DDR, Rainer Eppelmann, erläßt den Befehl 49/90 zur Auflösung der Grenztruppen der DDR.
3. Oktober Die DDR tritt der BRD bei.

Dokumente

Direktive Nr. 16

Bewaffnung der deutschen Polizei

Der Kontrollrat verfügt wie folgt:
1. Um die deutsche Polizei in die Lage zu versetzen, sich an der Aufrechterhaltung von Recht und Ordnung tatkräftig beteiligen zu können, muß sie sobald wie möglich mit Waffen ausgestattet werden. Die Neubewaffnung wird unter folgenden Bedingungen erfolgen:
a) Mit Ausnahme der Gendarmerie und der Grenzpolizei, die mit Karabinern ausgestattet werden können, wird die Polizei keine gänzlich automatischen Waffen oder andere Waffen zugeteilt bekommen als Pistolen, Revolver und Knüttel.
b) Um die Überwachung von Feuerwaffen und Munition in deutschem Besitze zu erleichtern und jede Rechtfertigung für die weitere Herstellung von Feuerwaffen und Munition in Deutschland auszuschalten, wird die Wiederbewaffnung der deutschen Polizei durch die Zuteilung von außerhalb Deutschlands hergestellten Feuerwaffen erfolgen.
c) Um die Aufsicht über die an die deutsche Polizei ausgehändigten Waffen zu erleichtern, werden alle Waffen mit einem deutlichen Kennzeichen versehen.
d) Die Wiederbewaffnung der Polizeibeamten darf erst nach der Durchführung der Entnazifizierung und der Entfernung aller der Militärregierung feindlich gesinnten Elemente stattfinden. Weiterhin wird das Personal der Polizei erst nach seiner Ausbildung in den ihr zugewiesenen Aufgaben wieder bewaffnet werden.
e) Vor der Ausgabe von Waffen muß ein alliierter Beamter des Öffentlichen Sicherheitsdienstes der Militärregierung für den guten Erfolg der Ausbildung bürgen und die Versicherung abgeben, daß die Wiederbewaffnung gerechtfertigt ist.
f) Die Überwachung der Beschaffung und Verteilung der Polizeiwaffen und Munition wird durch die Forderung einer schriftlichen Buchführung über den Waffenbestand seitens jeder Polizeistelle erfolgen. Der Verlust einer Waffe muß von der deutschen Polizei unverzüglich der Militärregierung schriftlich gemeldet werden.

2. Bis zur Beschaffung und Verteilung von Feuerwaffen nichtdeutscher Herkunft darf die deutsche Polizei in Ermangelung der in § 1b beschriebenen Waffen mit anderen zweckmäßigen Waffen ausgestattet werden.

Ausgefertigt in Berlin, den 6. November 1945

V. Sokolowsky, General der Armee
O. P. Echols, Generalmajor
B. H. Robertson, Generalleutnant
L. Koeltz, Armeekorps-General

Richtlinien für die Organe der deutschen Polizei zum Schutz der Demarkationslinie in der sowjetischen Okkupationszone Deutschlands

Bestätigt vom Oberkommandierenden der sowjetischen Okkupationstruppen und dem Hauptbevollmächtigten der SMA in Deutschland

Marschall der Sowjetunion
W. Sokolowskij
23. August 1947

I. Organisationshinweise

§ 1

Die Grundaufgabe des Dienstes der Polizei an der Grenze und den Demarkationslinien zwischen den okkupierten Zonen Deutschlands besteht in der Bewachung der Grenzen und Demarkationslinien nach den von den Kommandeuren der sowjetischen Okkupationstruppen erlassenen Bestimmungen.

§ 2

Die Polizei im Grenzgebiet und an den Demarkationslinien untersteht in allen dienstlichen Fragen direkt dem zuständigen Abschnittskommando der sowjetischen Okkupationstruppen.

§ 3

Die Komplettierung der Polizeieinheiten, ihre materielle Versorgung (Finanzierung, Bekleidung und andere wirtschaftlichen Ausgaben), sowie Wohlfahrtseinrichtungen und damit verbundene Fragen werden vom jeweiligen Ministerium des Innern der zuständigen Landesregierung in Verbindung mit dem Chef der Polizei durchgeführt.

§ 4

Für Waffen und Munition, sowie Transport- und Nachrichtenwesen der Grenzpolizei sorgen die zuständigen Kommandos der sowjetischen Militäreinheiten.

II. Aufbau der Grenzpolizei-Einheiten

§ 5

In Ländern der sowjetischen Okkupationszone Deutschlands wird die Verwaltung der Grenzpolizei dem Chef der Polizei übertragen.

§ 6

An der Grenze und an den Demarkationslinien werden für den direkten Grenzdienst Polizeieinheiten aufgestellt, deren Zahl und Stärke vom Stab der Gruppe der sowjetischen militärischen Okkupationstruppen in Deutschland bestimmt wird.

Jedes Abschnittskommando der Grenzpolizei umfaßt 4–5 Polizeikommandanturen.

§ 7

Jeder Grenzpolizei-Kommandantur unterstehen 10–15 Grenzpolizeikommandos von je 8–10 Mann Stärke.

§ 8

Der Leiter jedes Kommandos der Grenzpolizei wird vom Minister des Innern und vom Leiter der Landespolizei mit Zustimmung des Chefs der SMA (Armeekommandeur) bestimmt.

Versetzungen, Amtsenthebungen oder Entlassungen eines Leiters des Kommandos kann nur mit Genehmigung der zuständigen Landesregierung erfolgen.

§ 9

Die Führung und die Tätigkeit des Leiters eines Grenzpolizeikommandos bedingt die Zusammenarbeit mit seinem Stab und dessen Leiter, die von der jeweiligen Landesregierung bestimmt werden.

§ 10

Die Leiter der Kommandanturen, sowie auch die Leiter der Kommandos werden vom Chef der Landespolizei ernannt und vom Chef der SMA bestätigt.

§ 11

Die Einstellungen, Entlassungen und Versetzungen von Polizeimannschaften, welche ihren Dienst an der Grenze und an der Demarkationslinie versehen, werden in Zusammenhang mit § 3 dieser Bestimmungen von der Personalabteilung der zuständigen Landespolizeiverwaltung durchgeführt.

III. Rechte und Pflichten der Grenzpolizei

§ 12

Sämtliche Angehörigen der Grenzpolizei (Kommandanturen, Abteilungen und Kommandos) und Personen, die mit der Leitung dieser Organe der Grenzpolizei betraut sind, genießen alle politischen und dienstlichen Rechte, die durch gesetzliche Bestimmungen für die Territorialpolizei der sowjetischen Okkupationszone in Deutschland erlassen sind.

§ 13

Der Grenzpolizei sind bei Ausübung ihres Dienstes folgende Pflichten auferlegt:

a) der Grenzpolizist hat die ihm vorgeschriebene Uniform mit Rangabzeichen, die ihm von der Inneren Deutschen Verwaltung der sowjetischen Okkupationszone Deutschlands bestätigt sind, zu tragen;

b) der Grenzpolizist hat die ihm vom Kommando der Sowjetarmee ausgehändigte Waffe zu tragen;

c) er hat alle Anordnungen, Befehle und Instruktionen bezüglich des Grenzdienstes aufs strengste einzuhalten;

d) er trägt die volle Verantwortung für die ihm anvertraute Waffe, Bekleidung und Ausrüstung, die für die Okkupationsdauer gemäß Gesetz bestimmt sind.

§ 14

Für Disziplinarvergehen, Nichteinhaltung des Grenzdienstes, sowie für Übertretung interner dienstlicher Bestimmungen haben die Leiter der Grenzpolizei-Einheiten das Recht, ihren Unterstellten folgende Disziplinarstrafen aufzuerlegen:

<u>Der Einheitsführer kann seinen Unterstellten folgendermaßen bestrafen:</u>
Mündliche Verwarnung,
Verweis und Arrest bis 10 Tage
durch schriftliche Bekanntgabe im Tagesbefehl an die Einheit.

Der Leiter der Kommandantur kann seinen Unterstellten wie folgt bestrafen:
Mündliche Verwarnung,
Verweis und Arrest bis 5 Tage
durch schriftlichen Kommandanturbefehl.

Der Leiter eines Kommandos kann seinen Unterstellten wie folgt bestrafen:
Mündliche Verwarnung,
Verweis vor angetretener Einheit,
2maligen Strafdiensteinsatz.

§ 15

Über die verhängten Disziplinarstrafen haben die Leiter der Grenzpolizeieinheiten ihrem Vorgesetzten Mitteilung zu machen. Jeder Vorfall ist durch Notiz in der Personalakte zu vermerken.

§ 16

Falls der höher gestellte Leiter die verhängte Strafe als zu niedrig ansieht, kann er von dem ihm zur Verfügung stehenden Disziplinarrecht Gebrauch machen.

IV. Ordnung für die Durchführung des Grenzpolizeidienstes

§ 17

Für die Sicherung der Grenze und Demarkationslinie stellt der Leiter eines Kommandos der Grenzpolizei an die Orte, die das Kommando der Sowjetarmee inne hat, Wachen im Bestande nicht unter 2 Mann aus der ihm anvertrauten Polizeimannschaft aus, instruiert sie persönlich und führt eine Überprüfung des Dienstes bei jeder Ablösung aus.

§ 18

Die für den Wachtdienst bestimmten Polizeiangehörigen müssen mit den vorgeschriebenen Waffen und mit der festgesetzten Patronenzahl ausgerüstet sein. Nach Erhalt der Wachvorschriften müssen die Waffen außerhalb des Wachraumes geladen werden.

§ 19

Der an der Grenze und Demarkationslinie Wachtdienst tuende Polizeiangehörige ist verpflichtet:
a) jegliche Art von Grenzübertritt und Übertritt der Demarkationslinie zu der sowjetischen Okkupationszone und zurück, egal von wem, nicht zuzulassen;
b) Personen, die an irgend einer Stelle – außer an den speziell festgesetzten Übergangspunkten – versuchen die Grenzen und Demarkationslinien zu übertreten, festzunehmen und zur Grenzkommandantur zu überführen;
c) Eigenmächtigkeiten und Grobheiten der örtlichen Bevölkerung gegenüber zu vermeiden.

§ 20

In folgenden Fällen dürfen Grenzeinheiten – Grenzpolizeiangehörige von der Waffe Gebrauch machen:
a) bei einwandfreiem Überfall auf den Posten, Kommandantur oder Kommando;
b) bei Flucht von Grenzübertretern und Übertretern der Demarkationslinie, wenn andere Möglichkeiten der Festnahme erschöpft sind (Anruf, Warnschuß in die Luft);
c) bei Flucht von Zwangsgestellten und Transportgefangenen.
Den Angehörigen der Grenzpolizei ist ein zielloses Schießen verboten.

§ 21

Über jeden Waffengebrauch hat der Leiter des Kommandos dem Leiter der Polizeikommandantur Bericht zu erstatten. Dieser führt an Ort und Stelle eine Untersuchung durch und reicht einen schriftlichen Ergebnisbericht dem Leiter der Abteilung, sowie dem zuständigen Sowjetkommando ein.

§ 22

Der Leiter eines Grenzkommandos ist dem Kommandanten der Grenzpolizeikommandantur unterstellt und darf ohne dessen Genehmigung das Gebiet der Grenzkommandantur nicht verlassen. Bei Fernbleiben aus dienstlichen Gründen oder während der Ruhepause hat er einen Stellvertreter zu ernennen.

§ 23

Der Leiter einer Polizei-Grenzkommandantur ist dem Leiter einer Abteilung unterstellt, dagegen in Fragen, die im direkten Zusammenhang mit der Organisation und des Dienstes an der Grenze und an der Demarkationslinie stehen, – den jeweiligen Kommandeuren der zuständigen Militäreinheit der sowjetischen Okkupationsarmee.

§ 24

Der Leiter der Grenzpolizei-Kommandantur organisiert und überprüft persönlich den Dienst der Polizei-Kommandos und trägt die volle Verantwortung für die richtige und genaue Durchführung des Dienstes im Bereich der Kommandantur.

§ 25

Der Leiter der Grenzpolizei-Abteilung trägt die Verantwortung für seine Unterstellten, für die richtige Organisation und für den Dienst an der Grenze und an der Demarkationslinie, für die Aufrechterhaltung der Disziplin und Ordnung in der Abteilung, sowie für die Führung der ganzen Abteilung.

V. Festnahme und Registrierung der Grenzübertreter

§ 26

Jeder Festgenommene, der die Grenze oder Demarkationslinie überschritten hat, unterliegt an Ort und Stelle einer genauen Untersuchung und einer Leibesvisitation auf Waffen, Dokumente und Wertsachen.

§ 27

1) Die Überprüfung der an der Grenze Festgenommenen bis zum Grenzpolizei-Kommando erfolgt durch die Angehörigen des Kommandos oder durch zusätzlich angeforderte Polizeikräfte.

2) Anforderungen von zusätzlichen Polizeikräften, Entsendung derselben zum Tatort, Übergabe und Übernahme der Festgenommenen erfolgt auf Grund von intern festgelegten Bestimmungen.

§ 28

Die in das Polizeikommando überführten Grenzübertreter werden einer genauen Untersuchung unterzogen. Bei der Untersuchung werden abgenommen alle Wertsachen, Geld, Ware; über diese wird ein Verzeichnis in 2-facher Ausfertigung zusammmengestellt, wovon das 1. Exemplar dem Protokoll beigefügt und das zweite dem Festgenommenen ausgehändigt wird.

§ 29

Der Leiter des Grenzpolizeikommandos stellt den Grund und den Umstand des Grenzübertritts fest, prüft die Richtigkeit des Protokolls, prüft das Verzeichnis über abgenommene Sachen, Anschließend wird der Betreffende unter Bewachung in die Grenzpolizeikommandantur mit allen Dokumenten und allen von ihm abgenommenen Sachen und Wertsachen überführt.

§ 30

Der Leiter der Grenzpolizei-Kommandantur stellt nicht später als im Laufe von 24 Stunden – gerechnet vom Moment der Festnahme – die Personalien des Festgenommenen fest, erledigt die Erfassungen für den Erkennungsdienst und überprüft die Fahndungsnachweise der Kriminalpolizei der Landesregierung.

§ 31

Nach Erhalt der Unterlagen überprüft der Erkennungsdienst der Kripo die Fahndungsersuchen und erteilt im Laufe von 24 Stunden Rückantwort an die anfragende Dienststelle.

§ 32

Bis zum Abschluß der Überprüfung bleibt der Festgenommene in Haft bei der Grenzpolizeikommandantur. Schlußbericht über Überprüfung mit Stellungnahme des Leiters der Kommandantur wird sofort den Kommandeuren der sowjetischen Militäreinheit vorgelegt, der den Festgenommenen einer weiteren Untersuchung zuführt oder mit einer Geldstrafe von 50–200 Reichsmark belegt.

§ 33

Die Grenzübertreter und die Übertreter der Demarkationslinie, Einwohner der sowjetischen Okkupationszone, welche für den Grenzübertritt bestraft wurden, werden nach Prüfung und

Freilassung der Polizei ihres ständigen Wohnortes übergeben und erhalten dort in ihren Registrierkarten einen Vermerk über den Vorfall.

§ 34

Die Übertreter der Grenze und Demarkationslinie, die nicht Einwohner der sowjetischen Okkupationszone sind, werden einer genauen Überprüfung unterzogen. Diejenigen, welche nach Beschluß der sowjetischen Militäreinheit auf freien Fuß gesetzt werden, werden der Grenzbehörde der Zone oder des Staates übergeben, welcher an die Sowjetzone angrenzt. Die Übergabe erfolgt an den amtlich zugelassenen Grenzübergangspunkten.
Die Übergabe erfolgt nach besonderen Vorschriften.

§ 35

Das an der Grenze oder an der Demarkationslinie beschlagnahmte Gut oder andere Wertsachen, wie auch Strafgelder, sind den deutschen Selbstverwaltungen zu übergeben gemäß spz. festgelegter Bestimmungen.

§ 36

Zur Belohnung der besten Mitarbeiter der Polizei wird ein spezieller Fond gebildet, der zur Verfügung eines jeden Leiters der Grenzpolizeieinheit steht.
Die Ordnung der Ausgaben des genannten Fonds wird nach besonderen Richtlinien festgelegt.

§ 37

Der Leiter des Grenzpolizeikommandos führt ein Tagebuch, in dem alle Festnahmen und Vorfälle an der Grenze und an der Demarkationslinie nach bestätigtem Muster eingetragen werden.
Auf Grund der Eintragungen werden die Tagesberichte über die Vorfälle und über die Festgenommenen täglich dem Leiter der Kommandatur vorgelegt.

§ 38

Der Leiter der Grenzpolizeikommandantur stellt auf Grund der eingelaufenen Meldungen der Kommandos täglich einen Bericht über die Festgenommenen und über die Vorfälle in seinem Kommandanturbereich zusammen und berichtet darüber dem Leiter der Abteilung und dem Kommandeur der entsprechenden sowjetischen Militäreinheit der Okkupationstruppen.

§ 39

Der Leiter der Abteilung berichtet in seinem Tagesbericht dem Chef der Polizei der Landesregierung und dem Kommando der sowjetischen Okkupationstruppen über die Vorfälle und über die Zahl der Festgenommenen.

§ 40

Der Chef der Polizei der Landesregierung berichtet einmal in der Dekade der Deutschen Inneren Verwaltung der sowjetischen Okkupationszone über die Arbeit der Grenzpolizei.

Über alle besonderen Ereignisse an der Grenze und an der Demarkationslinie ist sofort nach Überprüfung schriftlich Mitteilung zu machen.

§ 41

Die Ordnung der Registrierung der Festgenommenen, die Erfassung und Aufbewahrung der beschlagnahmten Wertsachen und Gegenstände wird nach einer speziellen Instruktion festgesetzt.

VI. Regelung des Dienstplanes

§ 42

Die Stäbe der Grenzpolizei-Abteilungen und Kommandanturen befinden sich an Orten, die von den entsprechenden Stabsleitern der Armee vorgesehen sind.

Die Standorte der Polizeikommandos setzt der Leiter der Kommandantur, mit entsprechender Bestätigung des Kommandeurs der Militäreinheit, in deren Bereich sich die Kommandantur befindet, fest.

Der Sicherheitsdienst an der Demarkationslinie erfolgt durch Posten ununterbrochen Tag und Nacht.

§ 43

Jede Polizei-Abteilung, Kommandantur und jedes Kommando hat einen eingerichteten Raum zur Durchführung von Sitzungen und Schulungen und ebenfalls ein Zimmer zur Aufbewahrung von Waffen und Munition. Dieser Raum ist durchgehend zu bewachen.

§ 44

Die Mannschaften der Grenzpolizei erhalten Waffen und Munition nur bei Dienstantritt und retournieren dieselben sofort nach Dienstschluß (Einsatz)

§ 45

In der dienstfreien Zeit wohnen die Vorgesetzten und Mannschaften der Grenzpolizei in Privatwohnungen.

Die Mannschaften der Kommandatur und des Kommandos melden sich pünktlich zur festgesetzten Zeit bei der entsprechenden Dienststelle zum Wachtdienst, nach Beendigung des Wachtdienstes oder bei einer besonderen Anforderung.

Das Verlassen des Standortbereichs der Kommandanturen und der Kommandos in der dienstfreien Zeit ist den Vorgesetzten und Mannschaften jedesmal nur möglich mit der Erlaubnis des entsprechenden höheren Vorgesetzten.

Chef der Inneren Abteilung der Verwaltung der SMA des Landes Sachsen-Anhalt
Garde-Oberst Schtachanowskij

Übersetzt aus dem Russischen ins Deutsche: gez. Reinert

Polizeiverordnung
über die Einführung einer besonderen Ordnung an der Demarkationslinie
(Auszug)

§ 1
Die entlang der Demarkationslinie zwischen der Deutschen Demokratischen Republik und Westdeutschland festgelegte Sperrzone umfaßt einen 10 m breiten Kontrollstreifen unmittelbar an der Demarkationslinie, anschließend einen etwa 500 m breiten Schutzstreifen und dann eine etwa 5 km breite Sperrzone.

§ 2
Die Bestimmungen über den kleinen Grenzverkehr sind ab sofort aufgehoben. Die Demarkationslinie darf nur mit gültigem Interzonenpaß an den vorgesehenen Kontrollpunkten der Deutschen Grenzpolizei passiert werden.

§ 3
Für Personen, die im Sperrgebiet wohnen, werden ab sofort keine Interzonenpässe mehr ausgegeben. Für Personen, die in Westdeutschland wohnen, werden für das Sperrgebiet keine Aufenthaltsgenehmigungen mehr erteilt. Die Einreise in das Sperrgebiet mit Interzonenpaß oder Visum ist mit sofortiger Wirkung verboten.

§ 4
Das Überschreiten des 10 m-Kontrollstreifens ist für alle Personen verboten. Personen, die versuchen, den Kontrollstreifen in Richtung der Deutschen Demokratischen Republik oder Westdeutschland zu überschreiten, werden von den Grenzstreifen festgenommen.

Bei Nichtbeachtung der Anordnung der Grenzstreifen wird von der Waffe Gebrauch gemacht.

§ 16
Verstöße gegen diese Verordnung werden mit aller Strenge des Gesetzes bestraft.
Diese Verordnung tritt am 27. Mai 1952 um 0.01 Uhr in Kraft

Ministerium für Staatssicherheit
Der Minister
z. Zaisser

Hauptverwaltung Deutsche Volkspolizei   Berlin, den 26. August 1953
Bestätigt am 14. 10. 53   Vertrauliche Verschlußsache
durch Stoph
Minister des Innern

Schußwaffengebrauchsvorschrift
für die Angehörigen der HVDVP

Die Deutsche Volkspolizei ist ein bewaffnetes Schutzorgan der Deutschen Demokratischen Republik. Sie hat die Aufgabe, die demokratische Ordnung in der Deutschen Demokratischen Republik zu sichern sowie das Leben und Eigentum ihrer Bürger zu schützen.
Diese Aufgabe verpflichtet jeden VP-Angehörigen, die aus den Händen des Volkes empfangenen Waffen ständig einsatzbereit zu halten und ihre Handhabung zu meistern.
Die Waffenträger der Volkspolizei haben von der Waffe dann Gebrauch zu machen, wenn der Schutz unserer demokratischen Ordnung oder die öffentliche Ordnung und Sicherheit mit anderen polizeilichen Mitteln nicht mehr gewährleistet werden kann oder die Anwendung der Waffe aus Notwehr im Sinne des § 53 StGB erforderlich ist.

I. Die Schußwaffe ist anzuwenden:

1) bei Festnahme von Verbrechern, insbesondere von Spionen, Saboteuren, Agenten, Provokateuren, wenn dieselben der Festnahme bewaffneten Widerstand entgegensetzen oder die Flucht ergreifen und keine andere Möglichkeit besteht, die Festnahme durch eine andere polizeiliche Maßnahme herbeizuführen;
2) zum Schutz und zur Verteidigung von volkseigenen Betrieben, staatlichen und kommunalen Einrichtungen, Dienststellen der Volkspolizei und anderen Objekten sowie von Transporten, die durch VP-Angehörige gesichert werden, bei Angriffen und Überfällen von Gruppen verbrecherischer, staatsfeindlicher Elemente;
3) zum Schutz führender Persönlichkeiten des Staates, der demokratischen Parteien und Massenorganisationen, sowie zur Verteidigung von Personen beim Überfall durch bewaffnete Verbrecher;
4) bei der Verfolgung entwichener Häftlinge, wenn diese auf Anruf der VP-Angehörigen nicht stehen bleiben und sich durch Flucht der Wiederergreifung entziehen wollen;
5) wenn einem VP-Angehörigen während der Durchführung einer dienstlichen Handlung bewaffneter Widerstand entgegengesetzt wird und die-

ser durch andere polizeiliche Maßnahmen nicht gebrochen werden kann;

6) wenn ein VP-Angehöriger mit der Bewachung oder Begleitung festgenommener Täter beauftragt ist, dieselben flüchten und auf Anruf nicht stehen bleiben;

7) bei Kraftfahrzeugkontrollen im Rahmen von Fahndungsmaßnahmen, wenn Fahrzeuge trotz gut sichtbarem Haltezeichen die Kontrolle vorsätzlich durchfahren und der begründete Verdacht besteht, daß sich die gesuchte Person oder andere verbrecherische Elemente im Fahrzeug befinden.

In derartigen Fällen ist das Fahrzeug durch Schüsse auf die Bereifung zum Stehen zu bringen.

Als Grundsatz hat zu gelten, daß die Waffe nur dann angewendet werden darf, wenn andere Abwehr- bzw. polizeilichen Maßnahmen nicht ausreichen, um den polizeilichen Erfolg herbeizuführen.

Außer in Fällen höchster Gefahr ist zunächst immer erst ein Warnschuß abzugeben, dem erst nach kurzer Pause Zielschüsse folgen dürfen. Flüchtige Täter sind in jedem Fall durch Anruf und die Abgabe eines Warnschusses auf die Anwendung der Waffe aufmerksam zu machen. Nach Möglichkeit ist der Täter durch Beinschuß so zu verletzen, daß eine Festnahme ohne Schwierigkeiten erfolgen kann.

Der Warnschuß ist nicht abzugeben, wenn durch die Verzögerung des Zielschusses eine unmittelbare Gefahr für eine Person, den beteiligten VP-Angehörigen oder ein zu sicherndes Objekt eintreten würde.

Bei Angriffen auf führende Persönlichkeiten des Staates, der demokratischen Parteien und Massenorganisationen ist von der Schußwaffe ohne vorherige Warnung und ohne Abgabe eines Warnschusses sofort mit Abgabe von Zielschüssen Gebrauch zu machen.

II. Von der Schußwaffe darf nicht Gebrauch gemacht werden:

1) gegen Angehörige der Dienststellen des Hohen Kommissars der UdSSR in Deutschland und der sowjetischen Streitkräfte in der Deutschen Demokratischen Republik

2) gegen Angehörige der beim Hochkommissariat der UdSSR akkreditierten Militärmissionen, soweit nicht bewaffnete Angriffe auf Bürger der Deutschen Demokratischen Republik oder Organe der Deutschen Volkspolizei erfolgen;

3) gegen Angehörige der Diplomatischen Missionen in der Deutschen Demokratischen Republik;

4) gegen Kinder und Minderjährige, wenn diese nicht mit bewaffneten Verbrechern in Verbindung stehen und keinen bewaffneten Widerstand leisten;
5) wenn durch die Anwendung der Waffe auf öffentlichen Plätzen, Märkten, verkehrsreichen Straßen, in Verkehrsmitteln oder Gebäuden eine Gefahr für die Öffentlichkeit eintreten würde.

Nach jeder Anwendung der Schußwaffe hat der betreffende VP-Angehörige einen Bericht über das Vorkommnis anzufertigen und der vorgesetzten Dienststelle zuzuleiten, die die Schußwaffenanwendung auswertet sowie die Rückerstattung der verschossenen Munition veranlaßt.
Mit der Herausgabe dieser Schußwaffengebrauchsvorschrift wird die Waffengebrauchsvorschrift vom 6. 10. 1947 außer Kraft gesetzt.

Chef der Deutschen Volkspolizei
Maron

Geheime Verschlußsache G 1/4–199/60

Kommando der Deutschen Grenzpolizei
– Der Kommandeur –

1. Durchführungsanweisung zum Befehl 39/60 des Ministers des Innern

11. Juli 1960

Zur Herstellung der im Befehl Nr. 39/60 festgelegten Ordnung über die Bestimmungen zur Anwendung der Schußwaffe
w e i s e   i c h   a n :
1. Die Kommandeure der Grenzbrigaden haben bis zum 15. 7. 1960 die Bestimmungen des Befehles Nr. 39/60 gemäß übersandten Auszug allen Kommandeuren der Grenzbereitschaften mündlich bekanntzugeben.
2. In der Dienstvorschrift DV III/2 ist auf Seite 48 folgende Änderung aufzunehmen:

207. Die Angehörigen der Deutschen Grenzpolizei sind berechtigt, in den Fällen der Notwehr oder zur Abwehr von bewaffneten Angriffen auf die staatliche Ordnung und ihre Einrichtungen von der Schußwaffe Gebrauch zu machen, wenn ein Angriff mit anderen Mitteln nicht mehr erfolgreich abgewendet werden kann.
208. Die Angehörigen der Deutschen Grenzpolizei an der Staatsgrenze zur Westzone, am Ring um Berlin und an der Küste können außer den in Ziffer 207 angeführten Fällen von der Schußwaffe Gebrauch machen:
a) Zur Gewährleistung der Unantastbarkeit der Grenzen und zur Verteidigung des Hoheitsgebietes der Deutschen Demokratischen Republik bei bewaffneten Angriffen und Überfällen von Einzelpersonen oder Gruppen staatsfeindlicher und krimineller Elemente.
b) Bei der Festnahme von Spionen, Saboteuren, Provokateuren und anderen Verbrechern, wenn sie der Festnahme bewaffneten Widerstand entgegensetzen oder die Flucht ergreifen, einen Warnschuß unbeachtet lassen und keine Möglichkeit besteht, die Festnahme durch eine andere qualifizierte Maßnahme herbeizuführen.
3. Die Kommandeure der Grenzbrigade und Leiter der Schulen haben mir bis zum 25. 7. 1960 über die Abänderung gemäß Punkt 2. schriftlich Vollzug zu melden.
4. In der Zeit vom 20. 7. 1960–30. 7. 1960 ist mit allen GP-Angehörigen 1 Stunde Ausbildung über die Schußwaffengebrauchsbestimmungen gem. DV III/2 durchzuführen und die Kenntnis der Bestimmungen zu prüfen.

5. Ab Monat August 1960 sind alle GP-Angehörigen monatlich über die Schußwaffengebrauchsbestimmungen aktenkundig zu belehren.
6. Alle Fälle der Anwendung der Schußwaffe sind gemäß Meldeordnung zu melden.

gez.: Peter
– Oberst –

Gesetz über die Staatsgrenze der Deutschen Demokratischen Republik (Grenzgesetz) vom 25. März 1982

(Auszug)

II. Abschnitt
Überschreiten der Staatsgrenze
§ 9 Allgemeine Bestimmungen

(1) Die Staatsgrenze der Deutschen Demokratischen Republik darf grundsätzlich nur über die Grenzübergangsstellen oder an anderen in völkerrechtlichen Verträgen festgelegten Stellen und mit den erforderlichen Dokumenten passiert werden.

(2) Der grenzüberschreitende Eisenbahn-, See-, Binnenschiffs-, Luft-, Kraftfahrzeugs- und Personenverkehr, der internationale Post- und Fernmeldeverkehr, die Überleitung von gasförmigen und flüssigen Stoffen und Elektroenergie über die Staatsgrenze sowie der Bau, die Wartung und die Instandsetzung dazugehörender Anlagen und Einrichtungen an der Staatsgrenze erfolgt auf der Grundlage völkerrechtlicher Verträge und der Rechtsvorschriften.

(3) Der unberechtigte Austausch von Gegenständen sowie die unberechtigte Aufnahme anderer Verbindungen über die Staatsgrenze sind verboten.

§ 17 Grenzverletzungen

Grenzverletzungen im Sinne dieses Gesetzes sind alle Handlungen, die gegen die Unverletzlichkeit der Staatsgrenze oder die territoriale Integrität der Deutschen Demokratischen Republik gerichtet sind, sowie Handlungen, die das Hoheitsgebiet oder den Verlauf der Staatsgrenze der Deutschen Demokratischen Republik beeinträchtigen. Dazu gehören:

a) Das Schießen oder Werfen von Gegenständen über die Staatsgrenze,

b) das widerrechtliche Passieren der Staatsgrenze,

c) das widerrechtliche Eindringen in die See- oder Grenzgewässer oder das widerrechtliche Verlassen der See- oder Grenzgewässer,

d) die Verletzung der Bestimmungen über das Ein- und Auslaufen, den Aufenthalt oder das Durchfahren der See- oder Grenzgewässer,

e) das Vortäuschen eines Notfalles durch Wasser- oder Luftfahrzeuge zum Zwecke des Aufenthaltes im Hoheitsgebiet,

f) der widerrechtliche Ein- oder Ausflug über die Staatsgrenze sowie die Nichteinhaltung der zugewiesenen Flugstrecken und -höhen oder der Weisungen des Flugsicherungsdienstes,

g) die Beschädigung oder Zerstörung der zur Sicherung der Staatsgrenze errichteten Anlagen,

h) die widerrechtliche Entfernung oder Verlegung oder die Beschädigung oder Zerstörung der Grenzmarkierung oder anderer Kennzeichen der Staatsgrenze oder

i) die Durchführung land-, forst-, wasserwirtschaftlicher oder anderer Arbeiten oder Maßnahmen entgegen den entsprechenden völkerrechtlichen Verträgen.

IV. Abschnitt
Befugnisse der Grenztruppen der DDR
§ 21 Recht zum Betreten

Die Angehörigen der Grenztruppen der DDR haben das Recht, zur Beseitigung eines im erheblichen Maße die Sicherheit und Ordnung im Grenzgebiet und in den Seegewässern gefährdenden oder störenden Zustandes Grundstücke, Wohnungen, andere Räume oder Fahrzeuge zu betreten.

§ 22 Beseitigung von Gefährdungen oder Störungen

Wird die Sicherheit und Ordnung im Grenzgebiet durch eine Sache oder einen Zustand gefährdet oder gestört, haben die Angehörigen der Grenztruppen der DDR das Recht, vom Rechtsträger, Eigentümer oder sonstigen Nutzer der Sache oder vom Verursacher des Zustandes die Beseitigung der Gefährdung oder Störung in angemessener Frist zu verlangen oder im Falle unmittelbar drohender Gefahr selbst vorzunehmen.

§ 23 Personalienfeststellung
und Klärung eines Sachverhaltes

(1) Die Angehörigen der Grenztruppen sind berechtigt, Personalien festzustellen oder aufzunehmen, wenn es zur Erfüllung ihrer Aufgaben zum Schutz der Staatsgrenze und zur Gewährleistung der Sicherheit und Ordnung im Grenzgebiet unbedingt erforderlich ist.

(2) Können sich Personen nicht mit den für das Grenzgebiet erforderlichen Dokumenten ausweisen, ist eine Zuführung zulässig. Sie ist auch zulässig, wenn es zur Klärung eines die Sicherheit und Ordnung im Grenzgebiet erheblich gefährdenden Sachverhaltes unumgänglich ist, insbesondere, wenn der begründete Verdacht einer Grenzverletzung gegeben ist.

(3) Die freiwilligen Helfer der Grenztruppen der DDR haben das Recht, selbständig Personalien festzustellen oder aufzunehmen, wenn der begründete Verdacht einer Grenzverletzung oder der Verletzung der Ordnung im Grenzgebiet gegeben ist. Sie dürfen Personen der nächsten Dienststelle der Grenztruppen der DDR zuführen oder einem Angehörigen der Grenztruppen der DDR bzw. einer Dienststelle oder einem Angehörigen der Deutschen Volkspolizei übergeben, wenn eine Grenzver-

letzung festgestellt oder begründet vermutet wird oder Personen sich nicht ausweisen können.

§ 24 Durchsuchung und Verwahrung

(1) Personen, die dringend verdächtig sind, Sachen bei sich zu führen, durch deren Benutzung die Sicherheit und Ordnung im Grenzgebiet gefährdet oder gestört wird, oder die einer Einziehung unterliegen, dürfen einschließlich der von ihnen mitgeführten Gegenstände zum Zwecke der Verwahrung oder Einziehung dieser Sachen von den Angehörigen der Grenztruppen der DDR durchsucht werden.
(2) Werden Sachen gemäß Abs. 1 festgestellt, sind diese in Verwahrung zu nehmen und den zuständigen staatlichen Organen zu übergeben.

§ 25 Gewahrsam

(1) Wird die Sicherheit und Ordnung im Grenzgebiet durch Personen erheblich gefährdet oder gestört, dürfen diese Personen von den Angehörigen der Grenztruppen der DDR in Gewahrsam genommen werden, sofern nicht auf andere Weise die Gefahr oder Störung beseitigt werden kann.
(2) Der Gewahrsam ist unverzüglich aufzuheben, wenn der Grund dafür weggefallen ist. Er darf die Dauer von 24 Stunden nicht überschreiten.

§ 26 Durchsetzung
von Maßnahmen der Grenztruppen der DDR

(1) Wird den Angehörigen der Grenztruppen der DDR bei der Ausübung ihrer Befugnisse Widerstand entgegengesetzt oder werden die von ihnen auf der Grundlage dieses Gesetzes oder der zu seiner Durchführung erlassenen Rechtsvorschriften angeordneten Maßnahmen behindert oder nicht befolgt, ist die körperliche Einwirkung zulässig, wenn andere Mittel nicht ausreichen, um ernste Auswirkungen für die Sicherheit und Ordnung im Grenzgebiet zu verhindern.
(2) Die Anwendung von Hilfsmitteln ist nur gestattet zur Abwehr von Gewalttätigkeiten, Verhinderung von Fluchtversuchen oder wenn die körperliche Einwirkung nicht zum Erfolg führt. Es sind dabei diejenigen Mittel anzuwenden, die im Verhältnis zur Art und Schwere der Rechtsverletzung und des Widerstandes stehen. Die körperliche Einwirkung und die Anwendung von Hilfsmitteln ist nur so lange zulässig, bis der Zweck der Maßnahmen erreicht ist.

§ 27 Anwendung von Schußwaffen

(1) Die Anwendung der Schußwaffe ist die äußerste Maßnahme der Gewaltanwendung gegenüber Personen. Die Schußwaffe darf nur in solchen Fällen angewendet werden, wenn die körperliche Einwirkung ohne oder mit Hilfsmitteln erfolglos blieb oder offensichtlich keinen Erfolg verspricht. Die Anwendung von Schußwaffen gegen Personen ist erst dann zulässig, wenn durch Waffenwirkung gegen Sachen oder Tiere der Zweck nicht erreicht wird.

(2) Die Anwendung der Schußwaffe ist gerechtfertigt, um die unmittelbar bevorstehende Ausführung oder die Fortsetzung einer Straftat zu verhindern, die sich den Umständen nach als ein Verbrechen darstellt. Sie ist auch gerechtfertigt zur Ergreifung von Personen, die eines Verbrechens dringend verdächtig sind.

(3) Die Anwendung der Schußwaffe ist grundsätzlich durch Zuruf oder Abgabe eines Warnschusses anzukündigen, sofern nicht eine unmittelbar bevorstehende Gefahr nur durch die gezielte Anwendung der Schußwaffe verhindert oder beseitigt werden kann.

(4) Die Schußwaffe ist nicht anzuwenden, wenn
a) das Leben oder die Gesundheit Unbeteiligter gefährdet werden können,
b) die Personen dem äußeren Eindruck nach im Kindesalter sind oder
c) das Hoheitsgebiet eines benachbarten Staates beschossen würde.
Gegen Jugendliche und weibliche Personen sind nach Möglichkeit Schußwaffen nicht anzuwenden.

(5) Bei der Anwendung der Schußwaffe ist das Leben von Personen nach Möglichkeit zu schonen. Verletzten ist unter Beachtung der notwendigen Sicherheitsmaßnahmen Erste Hilfe zu erweisen.

Tabellen

Flüchtlinge und Übersiedler (1949–1961)

Jahr	Übersiedler	davon über Berlin (West)
1949	129 245	keine Angabe
1950	197 788	193 277
1951	165 648	keine Angabe
1952	182 393	118 300
1953	331 390	305 737
1954	184 194	104 399
1955	252 870	153 693
1956	279 189	156 377
1957	261 622	129 579
1958	204 092	119 552
1959	143 917	90 862
1960	199 188	152 291
1961	207 026	keine Angabe
Gesamt	2 738 562	

Flüchtlinge und Übersiedler (1961–1988)

Jahr	mit Genehmig. z. Übersiedlg.	Flucht unter mäßigem Risiko	Flucht unter hohem Risiko	Freikauf*
13. 8. 1961 bis 1962*	5 315	54 097	14 268	
1963–1964	59 677	17 984	6 847	
1965–1966	33 341	16 277	4 065	
1967–1968	24 322	8 949	2 338	
1969–1970	24 174	8 226	2 094	
1971–1972	23 192	9 303	2 077	
1973–1974	16 595	9 035	2 811	
1975–1976	20 332	9 838	1 283	
1977–1978	16 312	6 701	1 182	
1979–1980	17 778	4 320	887	2 293
1981–1982	20 206	4 881	581	2 973

* Angaben aus: AG 13. August, 1996, S. 17

Jahr	mit Genehmig. z. Übersiedlg.	Flucht unter mäßigem Risiko	Flucht unter hohem Risiko	Freikauf
1983–1984	42 711	5 718	420	3 468
1985–1986	38 734	7 774	370	4 212
1987–1988	40 492	15 079	878	341
Gesamt	383 181	178 182	40 101	15 287

Quelle: BMdI, Abt. Vertriebene, 1996, S. 2

Grenztote

	vor 13.8.61	ab 13.8.61	Gesamt
Berliner Grenze/Mauer	16	239	255
Innerdeutsche Landgrenze	104	272	376
Ostsee	15	174	189
Grenzen von Bulgarien, CSSR, Polen, Ungarn (nur DDR-Bürger)	4	43	47
Sonstige Fluchtwege (Flugzeugentführung, Warenexport, Transitwege)	0	7	7
Angehörige des DDR-Grenzdienstes bei der Fluchtabwehr	11	16	27
Sowjetische Fahnenflüchtige	11	10	21
Flugzeugabschüsse im Grenzgebiet	18	3	21
Gesamt	179	764	943

Unter den 943 Opfern befinden sich mehr als 40 Kinder und Jugendliche sowie über 30 Frauen. Das Alter der Todesopfer liegt zwischen 1 und 86 Jahren. Das letzte Todesopfer war am 30.10.1989 zu beklagen (der Leichnam von Dietmar Pommer wurde durch polnische Behörden aus der Oder geborgen).

Quelle: Arbeitsgemeinschaft 13. August, 1999

* Angaben nach AG 13. August, 1999.

Abkürzungsverzeichnis

ABV	Abschnittsbevollmächtigter
ABZ	Amerikanische Besatzungszone
AG	Arbeitsgemeinschaft
ASMZ	Allgemeine Schweizer Militärzeitschrift
AZKW	Amt für Zollkontrolle und Warenverkehr
BA-MdI	Bundesarchiv des ehemaligen Ministeriums des Innern der DDR
BDVP	Bezirksverwaltung der Deutschen Volkspolizei
BGS	Bundesgrenzschutz
BM	Bundesministerium
BMdI	Bundesministerium des Innern
BP/BePo	Bereitschaftspolizei
CDU	Christlich Demokratische Union
CSSR	Tschechoslowakische Sozialistische Republik
DA	Dienstanweisung
DGP	Deutsche Grenzpolizei
DV	Dienstvorschrift
DVdI	Deutsche Verwaltung des Innern
DVP	Deutsche Volkspolizei
FAZ	Frankfurter Allgemeine Zeitung
FDGB	Freier Deutscher Gewerkschaftsbund
FDJ	Freie Deutsche Jugend
FES	Friedrich-Ebert-Stiftung
FHG	Freiwillige Helfer der Grenztruppen
GAK	Grenzaufklärer
GAR	Grenzausbildungsregiment
GB	Grenzbrigade
GK	Grenzkompanie
GKA	Grenzkontrollamt
GKM	Grenzkommando Mitte
GKN	Grenzkommando Nord
GKS	Grenzkommando Süd
GKS	Geheime Kommandosache
GMS	Gesellschaftlicher Mitarbeiter für Sicherheit
GPH	Grenzpolizeihelfer

GR	Grenzregiment
GSA	Grenzsignalanlage
GST	Gesellschaft für Sport und Technik
GT	Grenztruppen
GT-Ü-91	Archivbestände der ehemaligen Grenztruppen der DDR
GV	Grenzverletzer
GVS	Geheime Verschlußsache
GWD	Grundwehrdienst
HB	Handbuch
IfPB	Informationen für Politische Bildung
IM	Inoffizieller Mitarbeiter
KKPA	Kriminalpolizeiamt
KPA	Kreispolizeiamt
KSZE	Konferenz über Sicherheit und Zusammenarbeit in Europa
KVP	Kasernierte Volkspolizei
KZ	Konzentrationslager
LDPD	Liberal-Demokratische Partei Deutschlands
LMG	Leichtes Maschinengewehr
LPG	Landwirtschaftliche Produktionsgenossenschaft
MA	Militärarchiv
MBFR	Mutal Balanced Forces Reductions
MdI	Ministerium des Innern
MfNV	Ministerium für Nationale Verteidigung
MfS	Ministerium für Staatssicherheit
MfS-AB Neiber	Archivbestände des ehemaligen MfS Arbeitsbereiches Neiber
MfS-HA IX	Archivbestände der ehemaligen MfS-Hauptabteilung IX in Berlin
Mpi	Maschinenpistole
MSD	Motorisierte Schützendivision
MSR	Mot-Schützen-Regiment
MZAP	Militärisches Zwischenarchiv Potsdam
Nato	North Atlantic Treaty Organization
ND	Neues Deutschland
NKWD	Narodny komissariat wnutrennich del (Volkskommissariat des Innern)
NÖSPL	Neues Ökonomisches System der Planung und Leitung der Volkswirtschaft
NVA	Nationale Volksarmee

NVR	Nationaler Verteidigungsrat
P 601	Trabant Kübel
PGH	Produktionsgenossenschaft des Handwerks
SAPMO	Stiftung Archiv der Parteien und Massenorganisationen der DDR im Bundesarchiv, Berlin
RGW	Rat für Gegenseitige Wirtschaftshilfe
SED	Sozialistische Einheitspartei Deutschlands
SMA	Sowjetische Militäradministration (regional)
SMAD	Sowjetische Militäradministration in Deutschland
SPD	Sozialdemokratische Partei Deutschlands
SPW	Schützenpanzerwagen
SRR	Sozialistische Republik Rumänien
Stasi	Staatssicherheit
Trapo	Transportpolizei
UdSSR	Union der Sozialistischen Sowjetrepubliken
UHA	Untersuchungshaftanstalt
UNHCR	United Nations High Comissioner for Refugees
UNO	United Nations Organization
USA	United States of America
UVR	Ungarische Volksrepublik
VEB	Volkseigener Betrieb
Vopo	Volkspolizei / Volkspolizist
VP	Volkspolizei (=DVP)
VR Polen	Volksrepublik Polen
Vt.	Vertriebene
VVS	Vertrauliche Verschlußsache
WdG	Wehrdienstgesetz
ZA	Zentralarchiv
ZK	Zentralkomitee

Literaturverzeichnis

Albertz, H., 1985: Die Reise. München.

Alexy, R., 1993: Mauerschützen. Zum Verhältnis von Recht, Moral und Strafbarkeit. Hamburg.

Arendt, H., 1986: Elemente und Ursprünge totaler Herrschaft. München.

Aron, R., 1970: Demokratie und Totalitarismus. Hamburg.

Barnard, C.-J., 1970: Die Führung großer Organisationen. Essen.

Borchert, W., 1992: Draußen vor der Tür. Hamburg.

Buchheim, H., 1962: Totalitäre Herrschaft. Kösel.

Bundesgrenzschutz, 1988: Internes Lehrmaterial, Lübeck.

Bundesministerium für gesamtdeutsche Fragen (Hrsg.), 1965: Mitten in Deutschland – Mitten im 20. Jahrhundert. Die Zonengrenze. Bonn, Berlin, 9. Aufl.

Bundesministerium für innerdeutsche Beziehungen (Hrsg.), 1986: Der Bau der Mauer durch Berlin. Bonn.

Ders., 1974: Bundesrepublik Deutschland – DDR. Systemvergleich 3. Bonn.

Bundeszentrale für Politische Bildung (Hrsg.), 1991: Die Teilung Deutschlands. 1945–1955. Nr. 232. Bonn.

Ders., 1991. Geschichte der DDR. Nr. 231. Bonn.

Canetti, E., 1980: Masse und Macht. Frankfurt am Main.

Freud, S., 1967: Gesammelte Werke, Band 13. Massenpsychologie und Ich-Analyse. Frankfurt am Main.

Fricke, K.-W., 1991: MfS intern. Köln.

Ders., 1988: Der Einfluß der Staatssicherheit auf die politische Strafjustiz der DDR, in: Löw, K. (Hrsg.): Totalitarismus. Berlin.

Ders., 1979: Politik und Justiz in der DDR. Köln.

Friedrich-Ebert-Stiftung (Hrsg.), 1984: Die Wehrpflicht in der DDR. Bonn.

Ders. 1986: Die DDR im Warschauer Pakt und im RGW. Bonn.

Galbraith, J. K., 1974: Die Industriegesellschaft.

Gauck, J., 1991: Die Stasi-Akten. Hamburg.

Geyer, R./Koch, O.-H./Auerbach L., 1976: Streitkräfte im geteilten Deutschland. München.

Gill, D./Schröder, U. 1991: Das Ministerium für Staatssicherheit. Berlin.

Gräf, D., 1988: Im Namen der Republik. Rechtsalltag in der DDR. München/Berlin.

Gramann, W./Zachäus, R., 1973: Staat und Recht. Berlin.

Hanisch, W. Die Grenzpolizei bei der revolutionären Umgestaltung bis zur Gründung der DDR. In: Militärgeschichte, 4/1974, S. 492.

Ders., 1977: Die Grenzpolizei bei der revolutionären Umgestaltung bis zur Gründung der DDR.

Ders., 1986: Beiträge zur Geschichte der Grenztruppen. Pätz 1986.

Hajdu, J./Ritter G., 1982: Die innerdeutsche Grenze, Geostudien 7. Köln.

Herbst, A./Ranke, W./Winkler, J. (Hrsg.), 1994: So funktionierte die DDR. Band 1 und 2: Lexikon der Organisationen und Institutionen. Reinbek bei Hamburg.

Hildebrandt, R., 1997: Der 17. Juni. 5. Auflage, Berlin.

Hiller, H., 1986: Sturz in die Freiheit. Von Deutschland nach Deutschland. München.

Horn, K./Markowsky, G./Sternkopf, H., 1980: Die Grenzsicherung der DDR in den Jahren 1961 bis 1976. Potsdam/Berlin.

Jaspers, K., 1977: Was ist Erziehung? München.

Jesse, E., 1985: Demokratie – Autoritarismus – Totalitarismus, in: Politische Bildung, Nr. 2.

Jungermann, P., 1973: Die Wehrideologie der SED und das Leitbild der NVA vom sozialistischen deutschen Soldaten. Stuttgart.

Kafka, F., 1979: Beim Bau der Chinesischen Mauer. Leipzig/Weimar.

Keohane, R.O./Nye, J.S., 1987: Macht und Interdependenz, in: Kaiser, K./Schwarz, H.-P. (Hrsg.): Weltpolitik. Strukturen – Akteure – Perspektiven. Bonn.

Knopp, G., 1994: Die deutsche Einheit. Frankfurt am Main.

Koop, V., 1996: Den Gegner vernichten. Die Grenzsicherung der DDR. Bonn.

Ders., 1993: Ausgegrenzt. Der Fall der DDR-Grenztruppen. Berlin.

Krasselt, L., 1963: Die Entwicklung der Deutschen Grenzpolizei der Deutschen Demokratischen Republik von 1946 bis 1957. Diplomarbeit, Karl-Marx-Universität Leipzig.

Landeszentrale für Politische Bildung Niedersachsen (Hrsg.), 1992: Die deutsch-deutsche Teilung in der Karikatur. Hannover.

Lapp, P.-J., 1986: Frontdienst im Frieden – Die Grenztruppen der DDR. Koblenz.

Linz, J. J., 1991: Autoritäre Regime, in: Nohlen, D. (Hrsg.): Wörterbuch Staat und Politik. München.

Lorenz, K., 1972: Das sogenannte Böse. Wien.

Loth, W., 1980: Die Teilung der Welt. München.

Löw, K. (Hrsg.), 1988: Totalitarismus. Berlin.

Luchterhandt, O., 1985: Der verstaatlichte Mensch. Die Grundpflichten des Bürgers in der DDR. Köln.

Mählert, U., 1998: Kleine Geschichte der DDR. München.

Mampel, S., 1982: Die sozialistische Verfassung der DDR. Kommentar. Frankfurt am Main.

Marquardt, B., 1988: Die DDR auf dem Weg vom totalitären zum autoritären Staat?, in: Löw, K. (Hrsg.): Totalitarismus. Berlin.

Mende, E., 1986: Von Wende zu Wende. München.

Militärgeschichtliches Institut der DDR (Hrsg.), 1987: Armee für Frieden und Sozialismus. Geschichte der NVA der DDR. Berlin.

Ministerium für Nationale Verteidigung (Hrsg.), 1978: Handbuch für den Grenzdienst. Berlin.

Ministerium für Nationale Verteidigung der DDR (Hrsg.), 1982: Handbuch Militärisches Grundwissen. Berlin.

Ministerium für Justiz der DDR (Hrsg.), 1969: Strafgesetzbuch der DDR. Berlin.

Mitscherlich, A., 1990: Suhrkamp-Lesebuch. Frankfurt am Main.

Naumann, K. (Hrsg.), 1993: NVA. Anspruch und Wirklichkeit. Bonn/Berlin.

Nekrassow, V., 1981: Zu beiden Seiten der Mauer. Berlin (West).

Oser, F./Althof, W., 1992: Moralische Selbstbestimmung. Stuttgart.

Overesch, M., 1985: Die deutsche Frage. Frankfurt am Main.

Potstawa, R., 1991: Zeittafel der Grenzpolizei/Grenztruppen. Berlin.

Radbruch, G., 1990: Gesamtausgabe. Bd. 3, Heidelberg.

Rehlinger, L.-A., 1991: Freikauf: die Geschäfte der DDR mit politisch Verfolgten. 1961–1989. Frankfurt am Main.

Rühle, J./Holzweißig, G., 1981: 13. August 1961 – Die Mauer in Berlin. Köln.

Rühmland, H.-U., 1982: Die bewaffneten Kräfte und paramilitärischen Verbände der DDR. Münster.

Rüschenschmidt, H., 1989: Die Freiheit und ihre Motivationskraft für die Gründung einer parlamentarischen Demokratie im Westen, in: Overesch/Rüschenschmidt/Schaap: Die Gründung der Bundesrepublik Deutschland. Hannover.

Russel, B., 1970: Lob des Müßiggangs. Hamburg.

Schäfer, P., 1989: Der Raum – seine territorial-politischen und seine wirtschafts- und kulturgeographischen Veränderungen, in: Overesch/Rüschenschmidt/Schaap: Die Gründung der Bundesrepublik Deutschland. Hannover.

Scharrer, J., 1998: Die Beurteilung von Systemunrecht – eine Grenze des Rechts. Diplomarbeit, Brüssel.

Schlechte, H./K.-D., 1993: Witze bis zur Wende. 40 Jahre politischer Witz in der DDR. München.

Schorlemmer, F., 1993: Bis alle Mauern fallen. München.

Schultze, R.-O., 1991: Diktatur, in: Nohlen, D. (Hrsg.): Wörterbuch Staat und Politik. München.

Schröder, D., 1986: Die Elbe-Grenze. Baden-Baden.

Steffens, H., 1989: Lebensjahre im Schatten der deutschen Grenze. Opladen.

United Nations High Comissioner for Refugees, UNHCR, 1994: Information Paper. Geneva. Switzerland.

Vahldiek, B.-W./Schaap, K., 1989: Von der staatlichen Einheit zur Teilung Deutschlands, in: Overesch/Rüschenschmidt/Schaap: Die Gründung der Bundesrepublik Deutschland. Hannover.

Weber, H., 1991: DDR. Grundriß der Geschichte 1949–1990. Hannover.

Weizsäcker, C.-F. v., 1991: Bewußtseinswandel. München.

Wenzel, O., 1995: Kriegsbereit. Der Nationale Verteidigungsrat der DDR. Köln.

Willke, H., 1991: Systemtheorie. München.

Wippermann, W. 1991: Totalitarismus/Totalitarismustheorie, in: Nohlen, D. (Hrsg.): Wörterbuch Staat und Politik. München.

Zimmermann, H. 1985: DDR-Handbuch. Köln.

Anmerkungen

Einleitung

1 Neue Zürcher Zeitung, 10. Dezember 1961, S. 3.
2 Niklas Luhmann, zitiert nach Willke, 1991, S. 42.
3 Vgl. Bundesministerium des Inneren, Abteilung Vertriebene, 1996, S. 2.
4 Jesse, 1985, S. 14.
5 Marquardt, 1988, S. 115.
6 Zitiert nach Overesch, 1989, S. 21.
7 Djilas, 1962, S. 146.
8 Arendt, 1986, S. 475, 492.
9 Vgl. Overesch, 1998, S. 149 ff.
10 Zitiert nach Neues Deutschland, 1. April 1948, S. 1.
11 Rüschenschmidt, 1989, S. 183.
12 Vgl. SAPMO Barch: NY 4090/285, S. 40.
13 Vgl. Geyer, Koch, Auerbach, 1976, S. 114.
14 Vgl. BGS, 1988, S. 7.
15 Vgl. Dokumentenanhang, S. 173 dieses Buches.
16 Vgl. Koop, 1991, S. 70.
17 Vgl. Dokumentenanhang, S. 177 f. dieses Buches.
18 Vgl. Dokumentenanhang, S. 174 dieses Buches.
19 Archiv des Kommandos der Grenztruppen der NVA; Befehle, Dienstanweisungen, Erfahrungsberichte, Berichte 1946–1949.
20 Herbst/Ranke/Winkler, 1995, Band 2, S. 373.
21 Zitiert nach Hanisch, Die Grenzpolizei bei der revolutionären Umgestaltung bis zur Gründung der DDR. In: Militärgeschichte, 4/1974, S. 488.
22 FES, 1986, S. 10.
23 Vgl. Hanisch, Die Grenzpolizei bei der revolutionären Umgestaltung bis zur Gründung der DDR. In: Militärgeschichte, 4/1974, S. 489 f.
24 Vgl. ebenda, S. 492.
25 Vgl. Hanisch, 1986.
26 Vgl. Hanisch, Die Grenzpolizei bei der revolutionären Umgestaltung bis zur Gründung der DDR. In: Militärgeschichte, 4/1974, S. 492.
27 Vgl. Lapp, 1986, S. 5 f.

Der Ausbau des Grenzregimes nach Gründung der DDR
(1950–1960)

1   Zitiert nach IfPB, Nr. 168, 1986, S. 16.
2   Vgl. IfPB, Nr. 231, 1991, S. 10 f.
3   Vgl. ebenda, S. 60.
4   Vgl. Knopp/Kuhn, 1991, S. 154.
5   Hildebrandt, 1997, S. 211.
6   Vgl. IfPB, 1991, Nr. 231, S. 61.
7   Vgl. Weber, 1991, S. 66.
8   Vgl. Mählert, 1998, S. 90.
9   Vgl. Herbst/Ranke/Winkler, 1994, Band 2; Wenzel, 1995, S. 11 ff.
10 Vgl. Koop, 1993, S. 81.
11 Vgl. Krasselt, 1963, S. 38.
12 Vgl. Potstawa, 1991, S. 2.
13 Der Grenzpolizist, 10. März 1960, S. 5.
14 Vgl. FAZ, 4. Juli 1995.
15 Zitiert nach Welt am Sonntag, 2. Februar 1992.
16 AG Vergangenheitsbewältigung des Neuen Forums in Thüringen (Hrsg.), 1990, S. 5.
17 Vgl. Neue Zeit, 30. Mai 1952.
18 Vgl. FAZ, 14. Juni 1952.
19 Rheinischer Merkur, 6. Juni 1952.
20 Bundesministerium für gesamtdeutsche Fragen (Hrsg.), 1965, S. 8.
21 Vgl. Krasselt, 1963, S. 44.
22 Vgl. Dokumentenanhang, S. 163 dieses Buches.
23 Krasselt, 1963, S. 44.
24 Vgl. Lapp, 1986, S. 12.
25 Vgl. Potstawa, 1991, S. 2.
26 Vgl. Hajdu/Ritter, 1982, S. 72.
27 Vgl. Rheinischer Merkur, 4. April 1952, S. 20 f.
28 Vgl. Lapp, 1986, S. 14.
29 Vgl. Ebenda, S. 15.
30 Vgl. Krasselt, 1963, S. 63.
31 Vgl. Weber 1991, S. 92.
32 Vgl. Hanisch, 1986.
33 Militärgeschichtliches Institut der DDR (Hrsg.), 1987, S. 78.
34 Vgl. Geyer/Koch/Auerbach, 1976, S. 117.
35 Vgl. Zeittafel zur 40jährigen Geschichte der Grenztruppen der DDR. O. O. 1986, S. 13.
36 BMdI, Abt. Vt, 1966, S. 2; IfPB, 1991, Nr. 231, S. 61.

37 BA-MdI, DO1, Bestand 080, Nr. 315/2.
38 BA-MdI, DO1, Nr. 11–780, S. 6 f.
39 Ebenda, S. 13.

Die Abriegelung des Arbeiter-und-Bauernstaates (1961–1970)

1 Vgl. Rühle/Holzweißig, 1981, S. 16.
2 Ebenda, S. 15.
3 Der Spiegel, Nr. 33, 1961, S. 13.
4 Vgl. Koop, 1996, S. 585.
5 Vgl. Weber, 1991, S. 121.
6 Vgl. IfPB, Nr. 231, 1991, S. 18.
7 GT-Ü-91, Nr. 17393, S. 35.
8 Ebenda.
9 GT-Ü-91, Nr. 17393, Anlage S. 6
10 Vgl. Militärgeschichtliches Institut der DDR (Hrsg.), 1987, S. 240 f.
11 Zitiert nach Koop, 1996, S. 93 f.
12 GVS/GT-Ü-91, Nr. 17393, S. 42.
13 Militärgeschichtliches Institut der DDR (Hrsg.), 1987, S. 246.
14 MA, Pt 8773, Bl. 12 ff.
15 Zitiert nach Rühle/Holzweißig, 1981, S. 6.
16 Vgl. GT-Ü-91, Nr. 17393, S. 270.
17 Vgl. GVS/GT-Ü91, Nr. 17393, S. 267 ff.
18 Vgl. AG 13. August 1961, S. 2.
19 Vgl. Koop, 1996, S. 107.
20 Nekrassow, 1981, S. 8 ff.
21 Vgl. Militärgeschichtliches Institut der DDR (Hrsg.), 1987, S. 249.
22 Zitiert nach Koop, 1996, 209.
23 Vgl. VVS Nr. 422 647, S. 341.
24 Vgl. AG 13. August 1996, S. 5 f.
25 Vgl. Die Welt, 6. Februar 1963.
26 Das Parlament, 6. Dezember 1961.
27 Vgl. ebenda.
28 Vgl. Koop, 1996, S. 108.
29 Zitiert nach Schweizer Zeitung, 2. Oktober 1993.
30 Vgl. Befehl des Ministers des Innern, Nr. 48/61; abgedruckt in Koop, 1996, S. 497.
31 Vgl. GKS B 26/65, S. 2 ff.
32 Vgl. Lapp, 1986, S. 27 f.
33 Tagesspiegel, 24. September 1963.

34 Vgl. Lapp, 1986, S. 26.
35 Vgl. Militärgeschichtliches Institut der DDR (Hrsg.), 1987, S. 270.
36 Vgl. Lapp, 1986, S. 28.
37 Vgl. Ebenda, S. 33.
38 Zitiert nach Koop, 1996, S. 520.
39 GT-Ü-91, Nr. 017504, S. 232.

Das Grenzregime in der Ära Honecker (1971–1989)

1 Vgl. Mählert, 1998, S. 137 ff.
2 Vgl. BGS, 1988, S. 72.
3 Vgl. MZAP, VA-01/39498.
4 Vgl. AG Vergangenheitsbewältigung des Neuen Forums in Thüringen, 1990, S. 12.
5 MZAP, VA-01–39503; MZAP, VA-01/26047, 26050, 27201.
6 Time, 22. Januar 1973.
7 MZAP VA-01/39511, Bl. 4.
8 Vgl. GVS-Nr. G 692297; Koop, 1996, S. 365.
9 MZAP VA-01/26047, VA-01/26050, VA-01/27201.
10 MfS-HA IX, Nr. 2806, S. 67.
11 Albertz, 1985, S. 13.
12 Vgl. Gill/Schröder, 1991, S. 37.
13 Vgl. Koop, 1993, S. 31 f.
14 Vgl. GVS-Nr. G/407153; abgedruckt in Koop 1996, S. 212 ff.
15 Zitiert nach Koop, 1993, S. 116.
16 Zitiert nach Koop, 1996, S. 31 f.
17 Vgl. GT-Ü-91, Chronik 1988, GKS, Nr. 739300, S. 136.
18 Marie-Luise Scherer in: Der Spiegel, Nr. 6, 1994, S. 101.
19 Ebenda, S. 108.
20 Ebenda, S. 115.
21 MfS-HA IX, Nr. 559, S. 211.
22 Vgl. IfPB, 1991, Nr. 231, S. 42 f.
23 Zitiert nach Koop, 1993, S. 131.
24 Befehl 101/89; zitiert nach Koop, 1996, S. 330.
25 Vgl. Junge Welt, 2. Februar 1989.
26 Vgl. Die Welt, 10. Februar 1970.
27 Vgl. GT-Ü-91, GKS Nr. 739300, S. 143; AG 13. August, 1996, S. 12 ff.; Koop, 1996, S. 200.
28 Vgl. GT-Ü-VVS G 857790.
29 Vgl. GVS Nr. B 108372, Bl. 10 f.

Die Rekrutierung und Ausbildung der Grenzsoldaten (1970–1989)

1 MfNV, 1988, S. 10 ff.
2 ASMZ, 1983, Nr. 10, S. 561.
3 FAZ, 26. März 1982.
4 Landeszentrale für Politische Bildung Niedersachsen (Hrsg.) 1993, S. 150 f.
5 Vgl. BGS, 1988, S. 63 f.
6 Vgl. ebenda, S. 52.
7 GT-Ü-91, GKS Nr. 739300, Chronik 1988, S. 143.
8 FES, 1984, S. 19.
9 Ebenda.
10 Vgl. Lapp 1986, S. 47 f.
11 Vgl. ebenda, S. 49.
12 MfNV (Hrsg.), 1982, S. 50 f.
13 Arendt, 1986, S. 655.
14 MfNV (Hrsg.), 1982, S. 65.
15 GT-Ü-91, Nr. 16475, S. 1087 f.
16 Arendt, 1986, S. 674.
17 Ebenda, S. 677.
18 Vgl. GT-Ü-91, Nr. G 739300, Chronik 1988, S. 68.
19 MfS-HA IX, Nr. 017223, 1982–1986, S. 257.
20 FAZ-Beilage, 29. August 1991, S. 2717.

Der territoriale Überwachungsapparat

1 Vgl. GT-Ü-91, Nr. 17504, S. 232.
2 Vgl. MfS-HA IX, Nr. 559, S. 12. f.
3 Ebenda, S. 188.
4 GT-Ü-91, Nr. 8429, S. 27.
5 MfS-HA IX, Nr. 556, S. 14.
6 Vgl. Herbst/Ranke/Winkler, 1994, S. 213 ff.
7 BA-MdI, DO1, Bestand 080, Nr. 46257, Schreiben vom 21.01. 1977, S. 8
8 BA-MdI, DO1, Bestand 080, Nr. 54496, Schreiben vom 30.06. 80, S. 4.
9 MfS-HA IX, Nr. 559, S. 25.
10 Vgl. Herbst/Ranke/Winkler, 1994, S. 215 ff.
11 BA-MdI, DO 1, Bestand 080, Nr. 46257, DVP Leipzig v. 16.2.1977.

12 BA/ZA, Bestand 12.0, Nr. 53 726.
13 BA-MdI, DO1, Bestand 080, Nr. 54 496.
14 Ebenda.
15 Vgl. Gill/Schröder, 1991, S. 37 f.
16 Zitiert nach ebenda, S. 303.
17 Ebenda, S. 333.
18 Vgl. MfS-HA IX, Nr. 2857, S. 148–152, Nr. 2856. S. 120–124.
19 Vgl. Fricke, 1988, S. 100 f.
20 Gräf, 1988, S. 107 ff.

Das Spitzelsystem in den Grenzkompanien

1 HB Militärisches Grundwissen, 1982, S. 17 f.
2 MfS-HA IX, AB Neiber, Nr. 41, S. 34.
3 Ebenda, S. 28.
4 Ebenda, S. 33 ff.
5 Ebenda, S. 35.
6 Ebenda, S. 33.
7 Ebenda, S. 35.
8 MfS-HA IX, Nr. 2803, S. 133.
9 Vgl. MfS, AB Neiber, Nr. 41, S. 42.
10 Herbst/Ranke/Winkler, 1994, S. 631.
11 MfS, AB Neiber, Nr. 576, S. 23.
12 Vgl. Gill/Schröder, 1991, S. 36, S. 116.
13 MfS, AB Neiber, Nr. 41, S. 46.
14 Ebenda, S. 48.
15 Ebenda.
16 Vgl. ebenda, S. 46 f.
17 Ebenda, S. 47.
18 Arendt, 1986, S. 629.
19 GT-Ü-91-GKS, Nr. 739300, Chronik 1988, S. 218.
20 Arendt, 1986, S. 673.
21 Ebenda, S. 519.
22 Alle folgenden Zitate aus GT-Ü-91, Nr. 6205, Fernschreiben über Suizidversuche.

Der Schießbefehl und die »Mauerschützenprozesse«

1 Angaben der Staatsanwaltschaft II, Berlin-Moabit.
2 Ebenda.
3 Presse- und Informationsamt der Bundesregierung, 1952, Nr. 63, S. 689.
4 Zitiert nach Koop, 1996, S. 499.
5 Ministerium für Nationale Verteidigung (Hrsg.), 1978, S. 78 f.
6 GT-Ü-91, Nr. 11986, S. 122 f.
7 MfS, AB Neiber, Nr. 26, S. 11 f.
8 Alexy, 1993, S. 7 f.
9 Radbruch, 1990, S. 89.
10 Zitiert nach Alexy, 1993, S. 37.
11 Ebenda.
12 Oser/Althof, 1992, S. 35.
13 Private Mitschrift vom 6. Februar 1992.

Quellennachweis

Beschreiben, was ist, was war. Gespräch zwischen Günter Wallraff und Jürgen Fuchs am 30. 4. 1992. In: Günter Wallraff: Mein Tagebuch aus der Bundeswehr. Köln: Kiepenheuer & Witsch 1992. Kursiv gesezte Passagen aus einem Redemanuskript.

Bildnachweis

Hendrik G. Pastor, Agentur der Gallier, Berlin, S. 81, 82, 88, 93, 100, 106
Deutsches Historisches Museum, Berlin, S. 17, 21, 23, 51, 54, 55, 57, 58, 59, 63, 64, 69, 70, 111
Robert Lebeck, S. 40
Heiko Steffens, S. 35, 91, 95
Ullstein Bilderdienst – Udo Gadewoltz, S. 116